행복을 찾아 떠난 순례길 산티아고

행복을 찾아 떠난 순례길 산티아고

발행일	2017년 4월 26일

지은이	황 호 선		
펴낸이	손 형 국		
펴낸곳	(주)북랩		
편집인	선일영	편집	이종무, 권혁신, 송재병, 최예은
디자인	이현수, 이정아, 김민하, 한수희	제작	박기성, 황동현, 구성우
마케팅	김회란, 박진관		
출판등록	2004. 12. 1(제2012-000051호)		
주소	서울시 금천구 가산디지털 1로 168, 우림라이온스밸리 B동 B113, 114호		
홈페이지	www.book.co.kr		
전화번호	(02)2026-5777	팩스	(02)2026-5747

ISBN	979-11-5987-521-2 03920(종이책)	979-11-5987-522-9 05920(전자책)

이 도서의 국립중앙도서관 출판예정도서목록(CIP)은 서지정보유통지원시스템 홈페이지(http://seoji.nl.go.kr)와
국가자료공동목록시스템(http://www.nl.go.kr/kolisnet)에서 이용하실 수 있습니다.
(CIP제어번호 : CIP2017009665)

'빨리빨리'에서 '느리게 걷기'로 인생을 리셋한 50대 여성의 고행 775㎞

행복을 찾아 떠난 순례길

산티아고

황호선 지음

북랩 book Lab

프롤로그

57세, 나이만으로도 힘들고 우울했던 나는 내 의지와 상관없이 일어난 여러 가지 일들로 힘들었다. 몸은 아프지 않은 곳이 없었고 매일 내과, 피부과, 정형외과, 한의원 등을 순례했다. 그러던 중 자주 가던 한의원 의사 선생님께서 여행을 떠나 보는 게 어떻겠냐고, 단 며칠이라도 좋으니 일상을 떠나 다른 곳에서 잠들고 아침을 맞이해 보라고 권해 주셨다.

어디로 떠날까?

도서관에서 책을 읽던 중 유독 가톨릭의 성지 순례지인 까미노 데 산티아고(Camino de Santiago)와 관련된 책들이 나를 사로잡았다.
자신의 짐을 지고 떠나는 이 길은 프랑스의 국경 마을 생 장 피에 드 포트(Saint Jean Pied de Port)에서 출발한다. 도착지인 스페인 산티아고 데 콤포스텔라(Santiago de Compostela)까지는 775㎞인데, 한 달가량 걸리는 여정이다.

종교와 상관없이 많은 사람들이 내면의 치유, 위로, 행복을 찾기 위해 스페인 성 야곱의 길, 까미노 순례길을 다녀왔다.

종교가 없던 나는 2015년에 세례를 받고 가톨릭 신자가 되었다. 그래서 여행과 성지 순례 두 가지가 한 번에 가능한 까미노가 내게 매력적으로 다가왔다.

지인들은 굳이 돈 쓰면서 생고생하러 갈 것 있냐, 크루즈 여행이나 패키지 여행으로 편안하게 다녀오지 뭐하러 그런 데를 가냐, 푹 쉬고 머리 좀 비우고 오면 되는 걸 굳이 무거운 배낭을 메고 몇 날 며칠을 걸어야 하냐며 황당해했다. 큰딸마저도 "엄마, 떠났다 오면 특별히 변해있을 것 같지? 한 달만 지나면 가기 전이나 갔다 온 후나 똑같은 일상이야. 큰 기대하지 말아요"라고 했다. 이렇게 많은 사람들이 무모하다며 이해해 주지 않았지만 떠나기로 결심했다. 할까 말까 망설일 땐 해야 하고, 갈까 말까 고민될 땐 가야 한다. 그래야 덜 후회하는 인생을 살 수 있으니까.

『파이브』의 저자 댄 자드라(Dan Zadra)는 말했다. "삶에서 일어나는 모든 시험은 당신의 성장을 위해 특별히 주문된 것. 삶이 계획대로 이루어지지 않는다고 해서 그것이 불필요한 것은 아니다. 그 과정을 고통과 혼란으로 받아들일지 새로운 길을 찾기 위한 과정으로 받아들일지는 오로지 당신의 선택에 달려있다"라고.

나는 어떤 새로운 길을 선택할 것인가?
나는 어떤 삶을 원하는가?

나는 어떻게 하면 행복할 수 있을까?

58살이 된 지금. 나에겐 변화가 필요하다.

그래서 나는 떠났다.

까미노 데 산티아고. 성 야곱의 길, 별들의 들판(Santiago de Compostela)으로.

중년의 시기에 접어든 사람 중 이제까지의 삶은 후회스럽고 지금의 삶이 만족스럽지 못하며 미래의 삶조차 불안하기만 하다는 분들을 많이 만나게 된다. 저자는 자신에게 밀려드는 허전함과 미래의 불확실함에서 벗어나 새로운 돌파구를 찾기 위해 스페인 순례 여행을 선택했다. 생 장 피에 드 포트에서 산티아고까지 775km 그 먼 길을 혼자서 걸었다. 참으로 용기가 대단하다. 순례 길에서 그는 사람들을 만나게 되고 그들과 서로 도움을 주고받으면서 여행 중에 겪는 어려움을 극복한다. 인생 자체가 여행이다. 배는 항구에 있을 때 가장 안전하지만 그것은 항구에 머물기 위해 만들어진 것이 아니다. 현실에 안주하지 않고 새로운 도전을 위해 선택한 까미노 데 산티아고. 어려운 여행으로 얻은 용기가 익숙한 것과 결별하는 데 도움이 된다.

책의 곳곳에 여행을 하면서 지치고 힘들 때마다 그가 신과 나눈 대화가 있다. 거기에 그의 삶의 지혜가 보인다.

"하느님! 딱 이 길에서 느낀 행복만큼만 남은 제 인생이 행복할 수 있도록 해주세요. 까미노 길을 걸으면서 행복한 순간들이 제 마음의 근육을 키워 가고 있습니다. 제 인생이 절망의 바닥과 마주할 때 주저앉지 않고 계속 전진한다면 그래서 그것이 절망의 끝이 아닌 희망의 새로운 시작점이 될 수 있게 해주세요. 제가 저 자신을 포기하지 않는 한 또 다른 희망의 세상이 펼쳐질 수 있게 저에게 힘과 용기를 주세요."

여행 중 몸이 지치고 마음이 힘들 때 '걱정 말아요 그대'를 부르면서 앞을 향해 가는 그의 모습이 참으로 아름답다. 인생은 영원한 도전이기에 해 보지 않고 얻을 수 있는 것은 없다. 새로운 도전을 준비하는 분들에게 이 책이 희망의 메시지가 되기를 바란다.

여행은 우리에게 행복한 추억과 삶의 여유를 가져다준다. 제2의 인생설계를 준비하는 사람들과 삶의 무료함을 이겨내고 싶은 분들, 그리고 새로운 용기와 도전이 필요한 분들에게 이 책의 일독을 권해본다.

최용균 / 비전경영연구소장·코치합창단 지휘자

목차

출발,
한국의 일들은 잠시 접어두자

 출발 2일 전 4. 13. 수요일

인간이 살아가는 데는 많은 것이 필요하지 않다. 윗도리 2개, 바지 2벌, 침낭, 상비약, 세면도구까지 넣은 36L 큰 배낭과 보조 배낭 1개를 모두 챙기니 총 8kg이다. 물과 먹을 것을 넣으면 9kg이 넘어간다. 몸무게 49kg인 내가 감당하기에는 너무 무거운 짐이다. 더 줄여야 한다. 혹시나 싶어 챙겨둔 비타민과 소화제를 반 덜어내고 화장품, 샴푸도 반 덜어냈다. 속옷마저도 1개씩 덜어냈다. 덜어내고 또 덜어내고……. 그렇게 6.7kg의 배낭을 꾸렸다. 물과 먹을 것을 넣어도 8kg을 넘지 않는다.

배낭의 짐

내가 좀 더 편하기 위해 욕심을 내어 이것저것 챙기면 무거워진 짐이 내 등을 짓누른다. 인생에서도 내가 욕심을 부리면 그 욕심들이 나의 머릿속을 휘저으며 천근의 무게로 내 가슴을 짓누를 것이다. 내가 살아오면서 얼마나 많은 것에 연연해 왔는지 등짐을 꾸려보니 알 수 있다. 나의 남은 생애 동안 이렇게 가볍게 살아갈 수 있기를…….

인천공항 출국장 10번 게이트 앞 12시 30분. 이제 곧 프랑스 파리로 나를 데려다 줄 비행기 탑승 시간이다. 두 달 동안 준비하면서 까미노에서 혹시 아프면 어쩌나, 잘 걸을 수 있을까, 길은 잘 찾아갈까 하고 겁내고 두려워하고 무엇인가 빠진 것은 없을까 노심초사하며 한편 행복했다.

나 너와 함께 있으니 두려워하지 마라.
내가 너의 하느님이니 겁내지 마라.
내가 너의 힘을 북돋우고 너를 도와주리라.
내 의로운 오른팔로 너를 붙들어주리라.

- 이사야 41장 10절

두렵고 겁나지만 피하려고 하지 말고 그것을 극복해 내어라.

그리고 두려움을 즐겨라.

너의 인생이 어떻게 펼쳐질지 아무도 모른다.

나를 되돌아보고 행복해지기 위해서 떠나는 47일간의 배낭여행과 순례길의 출발점에서 나는 불안에 떨고 있었다. 그때 나는 스스로 많은 말씀과 생각들로 주문을 걸며 파이팅을 불어 넣었다.

가보지 않은 길은 두려움과 공포, 그리고 호기심으로 신경을 예민하게 했다.

비행기 좌석은 대개 좁고 불편하지만 내 자리는 비교적 넓은 비

비행기 안 비상구 옆자리

상구 옆자리였다. 넓은 공간의 좌석에 있다는 것만으로도 행복했다. 오늘부터 행복하기로 난 선택했다. 지금 이 시간 이후로 한국의 모든 일은 잊어버리고 까미노를 향한 나의 행복만 선택하기로 했다. 하루에 20~30㎞를 못 걸어도 나는 행복할 것이고, 춥고 비가 와도 행복할 것이었다. 그 길에 설 수 있다는 것이 이미 나에게 축복이니

까. 최근의 힘들고 불행했던 모든 순간도 나의 생각에 의해 내가 선택한 삶이었다. 그러니 행복으로 생각을 바꾸어 가자. 어떤 것이라도 나는 선택할 수 있다. 나를 그렇게 벼랑 끝으로 몰아붙인 것도 나였고, 지금 현재 행복해서 웃음 짓는 것도 나였다.

열두 시간 동안 비행기를 타고 한 시간 동안 차를 타고 달려서 몽파르나스(Montparnasse)역 근처 한인 민박에 도착했다. 민박집에는 손님이 없어 나 혼자다. 지금 파리는 밤 10시고 한국은 새벽 5시다. 이제 잠을 자야지. 내일 프랑스 국경 마을 생 장 피에 드 포트까지 난 잘 갈 수 있을 거야.

순례길의 출발지
생 장 피에 드 포트로 이동

출발 1일 전  4. 14. 목요일

현금 2천 유로와 여권, 신용카드
가 든 작은 지갑을 가슴에 품은 나
는 소매치기를 당할까 걱정이 되어
지하철 대신 택시를 타고 몽파르나
스(Montparnasse)역으로 갔다.

도착해서 한국에서 프린트해 간
TGV 예약 서류를 기차표로 바꾸기
위해 기차역 창구로 갔다. 구글 번
역기로 번역된 불어가 제대로 번역
이 안 되었는지 내 휴대폰을 보던
직원이 머리를 갸우뚱했다. 내가 보
여준 프린트가 E-티켓이니 이것으
로 기차표를 하면 된다고 말하는

몽파르나스역

것 같다. 출발 시간이 다 되어 가면 전광판에 표시가 되니 곧 앙다이(Hendaye)행 TGV를 타라고 한다. 기차 출발 시간은 10시 28분. 출발 20분 전이 되면 내가 탈 기차의 플랫폼 번호가 전광판에 뜬다. 1시간이나 일찍 기차역에 왔더니 시간이 여유롭다.

몽파르나스 기차역 기차 출발 시간표

몽파르나스역 대합실. 프랑스 파리의 거리가 내려다보이는 따스한 창가에 앉아 커피 한잔을 마신다. 행복하다. 불어 속에 섞여 한국말이 들려온다. 바로 옆에 한국인 중년 부부가 앉아 있다. 저들도 여행 중일까? 그들은 내가 어느 나라 사람인지 모르겠지. 나는 한마디도 하지 않고 있으니까. 아무도 나에 대해 모르고 관심도 없는 곳에 혼자 앉아 있는 기분도 새롭다.

TGV 12번 기차 34번 좌석에 무사히 착석했다. '영어, 불어 잘 못해도 기차를 탈 수 있구나. 괜히 겁먹었네' 무식해도 여행은 할 수 있지만 겁먹으면 한 발짝도 나아갈 수 없다. 담대해지자!

지금 시각 10시 17분. 가슴이 뿌듯하다. 혼자서도 잘할 수 있다. 이렇게 잘할 수 있는 걸 왜 겁먹었을까? 다시 한 번 다짐해본다. '걷기도 잘할 거야. 겁나거나 아프면 버스나 택시 타지 뭐!' 5시간 후에 나는 닥스(Dax)역 다음 역인 바욘(Bayonne)역에 도착할 예정이다. 안내방송이 없다고 하니 휴대폰 알람을 맞추어 두고 창밖을 본다.

인생의 시간은 모든 사람에게 똑같이 주어진다. 그 시간을 어떻게 의미 있게 보내느냐는 각자의 몫이다. 주어진 시간 속에서 하루를 1년처럼 산다면 그는 아주 오래 사는 것이다. 하루를 의미 없이 흘려보낸다면 살아도 산 것이 아니다. 남은 시간들을 제대로 의미 있게 보내 보자. 어느새 5시간이 흘러갔다. 20분 후면 바욘역에 도착한다.

바욘역에서 25세 한국 청년을 만나기로 했다. 네이버 카페 '까미노 친구들 연합'에서 까미노 출발 날짜가 같은 '해오른 누리'(닉네임)군과 연락이 닿아 생 장 피에 드 포트로 같이 가기로 했는데 생장 행 기차의 출발 시간이 다 되어 가는데도 나타나지 않았다. 해오른 누리 군은 오늘 파리의 드골 공항에 도착해서 몽파르나스역으로, 그리고 TGV를 타고 바욘으로 오는 빡빡한 일정으로 움직인다고 했다. 결국, 그 청년은 까미노가 끝나고 포르투갈 포르토(Portugal Porto)에서 만났다. TGV가 연착해서 기차를 놓쳤다고 한다. 만날 사람들은 언젠가 만나게 되어 있다.

바욘역에서 생 장 피에 드 포트까지 가는 기차표

생 장 피에 드 포트 기차역

바욘역에서 프랑스 국철 테르(TER)로 갈아타고 생장으로 출발한다. 내 옆자리에 네덜란드 아가씨가 앉았다. 그녀는 오늘 생장에서 1박을 하고 내일 오리손까지 8㎞만 걷고, 그 다음 날 론세스바예스(Roncesvalles)로 간다고 한다. 라틴어를 어원으로 쓰는 유럽 사람들은 대체로 영어를 잘한다. 나는 짧은 영어 실력으로는 히딩크 이야기, 까미노 이야기, 가족들 이야기를 하다 보면 할 말이 없어진다. 영어만 잘해도 많은 외국 친구들을 사귈 수 있을 텐데 아쉽다.

저녁 7시가 지나서 도착한 생 장 피에 드 포트 순례자 사무실에서 한국여권과 인적사항을 체크하고 크레덴시알(Credencial : 순례자임을 증명해주는 순례자 여권)을 등록하고 순례자의 상징인 조가비도 1개 얻어 배낭에 매단다. 이 크레덴시알은 산티아고 도착할 때까지 내가 순례자임을 증명해 주는 것으로, 이게 있어야 공립 알베르게(순

순례자 사무실 자원봉사자들과 순례자들

레자 숙소)를 이용할 수 있다. 또한, 산티아고에 도착했을 때도 이게 있어야 거리증명서와 순례 완주증명서를 발급해준다.

순례자 사무실을 나서니 8시가 다 되어 간다. 늦게 도착한 생 장 피에 드 포트의 알베르게들이 빠른 속도로 찬다. '빈방 없음' 표시가 내걸린다. 30번 숙소도 딱 1자리 남은 것을 내가 마지막으로 체크인하고 방으로 간다. 4명이 잠자는 도미토리룸에 여자는 나뿐이다. 내 침대는 2층 침대의 2층을 배정해준다. 딱 한 개 남은 침대라 선택의 여지가 없다. 아! 어쩌나 하고 난감해하며 서 있는데 옆자리의 프랑스 아저씨가 1층의 아들에게 나와 자리를 바꾸라고 하신다. 생면부지의 나를 배려해 준 프랑스 아버지와 아들이 너무 고마웠다. 작은 배려의 감동으로 순례의 출발이 행복할 것 같다.

순례길의
첫걸음

 24.9㎞ ● 순례 1일 차 ╱ 4. 14. 금요일

생 장 피에 드 포트(Saint Jean Pied de Port) → **론세스바예스**(Roncesvalles)

아침 7시, 부지런한 순례자들은 짐
을 챙기고 출발하느라 부산스럽다.

나도 대충 세수하고 론세스바예
스로 부칠 큰 배낭을 꾸린 뒤 작
은 배낭에 우의와 바나나, 물 등을
챙겨 넣는다.

'하느님 제가 위험에 처했을 때
위험을 피하는 것이 아니라 위험
에 처해도 두려워하지 않게 고통
에 처했을 때 그 고통을 회피하는

생 장 피에 드 포트 우체국에서 배낭을
론세스바예스로 택배 보냄

생 장 피에 드 포르에서 출발하는 날 아침

피레네 넘어서 론세스바예스로 가는 지도

것이 아니라 그 고통을 이겨 낼 수 있는 용기와 담대한 가슴을 주세요'라고 기도하며 숙소를 나선다.

순례자 사무실 옆에 있는 우체국으로 가서 큰 배낭을 동키(택배) 서비스로 보낸 뒤 순례길의 첫발을 내디딘다. 골목길 끝에서 어제 저녁 숙소를 찾으면서 만났던 한국 청년 호석을 만났다. 아침 7시에 출발할 것이라고 했는데 좀 늦었나 보다. 순례길은 한 방향으로 가는 것이니 자연스럽게 동행이 된다.

생 장 피에 드 포트에서 론세스바예스로 가는 길은 두 종류가 있다. 피레네 산맥을 넘는 나폴레옹 루트와 우회 루트 발까를로스다. 나폴레옹

이 넘었다고 해서 이름 붙은 첫 번째 길은 로마 시대부터 있던 보르도(Bordeaux)에서 스페인 아스토르가(Astorga)까지 이어진 로마길을 따라 생긴 푸에르토 데 키사(Puerto de Ciza)길로서 해발 1,400m인 피레네 산맥을 넘어야 하는 힘든 길인데 경치가 아름답다. 하지만 4월부터 10월까지만 이곳을 지나갈 수 있고, 11월 초부터 3월 말까지는 눈이 많이 내려 조난 위험이 있어 프랑스 정부에서 폐쇄하고 있다. 4월에도 눈이 오거나 안개 등으로 날씨가 좋지 않으면 이 루트를 폐쇄하기도 한단다.

두 번째 길은 발까를로스(Valcarlos)를 통해 이바네타(Ibaneta)로 이어지는 길이다. 이 길은 아스팔트로 된 차도가 대부분이어서 안전하게 론세스바예스로 갈 수 있다. 나폴레옹 루트가 폐쇄되었을 때 몰래 넘어가다 조난되어서 구조되면 벌금이 천만 원이란다. 어제 저녁 순례자 사무실에서는 오늘 천둥 번개가 예상된다고 나폴레옹 루트로 갈 수 없을 것이라 했는데 다행히 오늘 아침 날씨는 화창하다. 많은 순례자들을 따라 출발해서 갈림길에 접어들었을 때 현지 주민이 나폴레옹 루트로 갈 수 없다고 말하는 것 같았는데, 외국인 순례자는 오늘 아침 날씨가 바뀌어서 갈 수 있다고 귀띔해 준다. 마침 운이 따라줘서 피레네의 아름다운 경치를 볼 수 있다니 느낌이 좋다. 동행도 생기고 아름다운 피레네 산맥도 볼 수 있는 데다 날씨마저 화창해서 축복받은 것 같다.

행복을 찾아 떠난 순례길 산티아고

오르손 알베르게

 한국에서 루트 짤 때는 오리손 알베르게까지 8km는 택시 타고 가려고 했는데 한국 청년 호석과 한국인 교수님 두 분을 만나 이야기하며 걷다 보니 어느새 오리손에 도착해 있다.

 오리손에서 까페 콘 레체와 하몽(Jamon)이 든 보카디요(스페인의 샌드위치)로 아침(Desayuno)을 먹었는데 하몽이 너무 짜서 버리고 빵만 먹었다.

 많은 산티아고 기행문을 보니 첫날 피레네를 넘을 때 고생한다는 이야기가 많아서 지레 겁먹고 배낭을 부쳤다. 짐이 가벼워서 그런지 날씨가 좋아서 그런지 즐겁게 소풍 가듯 걷는다. 파란 하늘과 초록의 풀밭에서 틈틈이 등산화를 벗고 쉬기도 하고 물도 마시고 간식으로 배를 채운다. 긴 이동 끝에 걷기 시작하는 첫날이고 걷는 게 익숙하지 않아서 짧게 걷고 길게 쉬는 것을 반복한다.

피레네 산맥

산 정상에서 점심을 먹으려고 배낭을 뒤지니 아뿔싸! 어제 바욘에서 준비한 바게트 빵을 큰 배낭에 넣고 론세스바예스로 부쳐 버렸다. 아직 서툰 순례 첫날이라 이런 실수를 하기도 한다. 호석도 점심을 준비하지 않아서 내가 가져간 바나나와 오렌지로 점심을 대신한다.

앞서 순례길 걸은 사람들이 첫날 점심을 꼭 준비하라고 오리손 이후에는 사 먹을 곳이 없다고 했는데 기껏 준비한 걸 부쳐 버렸으니 어쩔 수가 없다. 오후가 되면서 체력도 떨어지고 배도 고파 허기가 진다. 교수님들이 나눠주는 사탕 덕분에 겨우 위기를 넘긴다.

거리 표지석   롤랑의 샘

    프랑스에서 스페인으로 넘어가는 산길에는 별다른 국경 표시가 없다. 나무판자 몇 개가 전부다. 교수님 두 분은 짧게 까미노를 걸으시고 프랑스의 서사시 '롤랑의 노래'의 주인공인 롤랑에 대한 취재와 학회 참석차 스페인 바르셀로나로 가신다고 한다. 국경에서 조금 걸어가면 롤랑의 샘이 있다. 역사적인 곳에서 우리는 물을 마시고 생수병에 물도 채우고 계속 길을 걷는다.

    피레네 정상 부근에서 너무 자주 쉬었는지 오후 5시가 넘어서야 오늘의 목적지 론세스바예스에 도착했다. 교수님 두 분은 3㎞를 더 걸어가서 부르게테(Burguete)에서 1박을 하시고 내일 레온(Leon)으로 바로 가신다고 한다. 나는 19일 정도 걸어야 레온에 입성할 수 있다.

론세스바에스 알베르게

론세스바예스에는 마을이 없다. 오로지 순례자들을 위한 숙소와 편의 시설, 그리고 성당이 전부다. 내 배낭은 알베르게 입구 접수대에 잘 도착해 있다. 이곳 알베르게는 183명이 머물 수 있는 대형 알베르게다. 늦게 도착한 나와 호석은 3층에 있는 침대를 배정받았다. 3층까지 계단을 올라가는 게 힘들었는데 지붕 아랫방이라 1층 침대를 쓸 수 있었다. 2층 침대밖에 없는 2층으로 갔으면 짐 풀기가 훨씬 힘들었을 것이다. 또, 내 침대 위에 다른 사람이 없다는 게 참 좋다. 2011년에 새롭게 리모델링했다는 이 알베르게는 샤

론세스바예스 성당

워 시설과 침실, 화장실 모두가 깨끗하고 좋았다. 늦게 도착해서 저녁을 먹고 나니 8시가 넘었다. 저녁 식사 후 성당에 도착했을 땐 순례자들을 위한 미사가 끝나고 사람들이 밖으로 나오고 있었다. 미사에 참석하지 못한 게 아쉬웠지만 까미노길 자체가 성스러운 길이니 내 한 걸음 한 걸

음이 기도가 되리라 믿으며 숙소로 향한다. 밤 10시가 되니 일제히 소등이 된다. 행복한 산행 후의 적당한 피곤함으로 잠을 청한다.

알베르게 3층 침실

욕심을
내려놓기

순례 2일 차   4. 15. 토요일

21.8㎞

론세스바예스(Roncesvalles) → **주비리**(Zubiri)

아침 6시가 되자 일제히 불이 켜진다. 순례자들만 머무는 곳이라 6시만 되면 벌써 기상해서 짐을 챙기는 사람들이 많다. 그들은 7~8시가 되면 순례길을 나선다. 늦어도 10시에는 모든 순례자들이 알베르게를 나가야 한다. 그래야 청소를 시작할 수 있다.

전날 새벽 2시에 화장실에 다녀올 때만 해도 유리 창문에 부딪히는 세찬 빗소리를 듣고 걱정했었는데 아침에 깨어보니 비는 그쳐 있었다. 침낭을 개어서 큰 배낭에 넣고 메고 갈 작은 배낭을 따로 챙긴다.

론세스바예스 알베르게 현관에는 거대한 물건들의 더미가 있는 곳이 있다. 책, 옷가지, 슬리퍼, 화장품 등이 쌓여 있다. 이것들은 앞서간 순례자들이 첫날 피레네를 넘어오고 나서야 버리겠다고 마음먹고 두고 간 짐들이다.

힘들어서 두고 가기야 했겠지만 상징적인 의미도 있는 것 같다. 나약한 우리 인간들은 정신적인 것보다는 세속적인 것에 먼저 눈이 간다. 내가 살아가는 데 필요하지 않은 물건인데도 욕심을 내거나 불안해서 챙기고 움켜쥔다. 그러다 보면 그 물건들에 눈이 멀어 정작 자신을 돌볼 수 없는 상황으로 치닫는다. 나도 한국에서 챙겨온 유일한 색조 화장품인 립스틱을 조금의 망설임도 없이 버렸다. 큰 배낭을 주비리로 택배 보내면 작은 배낭의 무게는 기껏해야 3kg을 넘지 못한다. 30g의 립스틱 무게는 사실 별것 아니다. 하지만 나를 찾아서 삶의 의미를 생각해보고, 행복을 찾겠다고 떠나온 이 순례길에서 외적인 꾸밈이 무슨 의미가 있겠는가. 그래서 나는 미련 없이 립스틱을 버린다.

아울러, 이렇게 다짐해본다. 모든 마음의 짐도 이곳에 버리고 떠나자. 원망과 분노와 슬픔마저도 모두 버리자. 텅 비운 마음에 매일매일 걸으며 의미 있는 행복을 가득 채우자. 그리고 진정한 나를 만나보자.

주비리로 택배 보낼 큰 배낭은 현관 접수대 옆에 두고 작은 보조 배낭을 메고 나선다. 3km를 걸어서 도착한 부르구에테 바에서 샌드위치랑 까페 콘 레체(Cafe con leche), 오렌지 주스로 간단하게 아침을 먹는다.

행복을 찾아 떠난 순례길 산티아고

순례길을 걸으면서 한국 사람들을 만난다. 반갑다. 이야기를 나누면서 아름다운 숲길을 걸으니 힘들어도 즐겁다. 오늘도 호석 덕분에 사진도 찍고 즐겁게 순례길을 걸어 주비리에 도착한다.

까미노 중간쯤에서 잠시 가랑비가 왔지만 대체로 걷기 좋은 날씨였다. 주비리의 공립 알베르게가 시설이 낡아 보여 택배 보낸 큰 배낭을 찾아서 근처 시설이 좋아 보이는 사립 알베르게 엘 파로 델 아베야노(El palo del

Avellano)에 묵기로 한다. 사립 알베르게는 공립 알베르게보다 숙박비가 많이 비싸다. 공립은 6유로인데 사립은 15유로나 한다. 호석과 내가 배정받은 방은 12명이 함께 자는 도미토리다. 나는 아래 칸, 호석은 위 칸이다.

오늘은 토요일이라 모든 슈퍼와 식료품 가게들이 일찍 문을 닫아서 내일 먹을 점심과 간식, 물을 챙기지 못했다. 주비리는 작은 동네이다 보니 동네 식당도 두 곳뿐이다. 의자도 많지 않다. 더욱이 사람들이 많아서 자리가 없다. 저녁은 먹어야 하니 자리가 생길 때까지 서서 기다린다. 30분 만에 겨우 자리를 잡았다. 그곳에서 25살 한국 아가씨 주혜를 만나 세 명이 같이 저녁을 먹고 맥주도 한잔 마시며 이야기꽃을 피운다.

오늘 하루도 내 마음과 나의 또 다른 마음이 서로를 바라보며 다독이고 위로한 하루였다. 많은 것을 바라지 말고 그냥 걸어보자. 길에서 만나는 순례자들의 얼굴은 모두 행복해 보였다. 내일도 그 행복한 얼굴들을 만나길 기대하며 하루를 마무리한다.

내면의 소리에
귀 기울이기

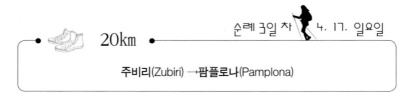

순례 3일 차   4. 17. 일요일

20km

주비리(Zubiri) →팜플로나(Pamplona)

　7시, 기상해서 침낭 정리하고 배낭을 꾸리는데 호석이 "이모 이틀 동안 걷는 걸 보니 잘 걸으시던데 그냥 배낭 메고 걸어보세요. 짐이 많으면 제가 좀 들어드릴게요"라고 했다. 내 짐을 내가 진다면 순례길에 대한 의미도 있을 테고 해서 그렇게 하기로 했다. 그래서 오늘도 팜플로나로 짐을 부치려고 했는데 용기를 내어 본다. 호석이 내 충전기와 세면도구를 들어주어 물을 넣고도 대략 6㎏의 배낭을 꾸릴 수 있었다. 그래 오늘부터는 내 배낭은 내가 짊어져 보자. 호석은 내 큰딸과 나이가 같다. 호석의 엄마도 나와 나이가 비슷하다고 하니 내 자식 같은 생각에 마음이 든든하다. 주비리 마을을 벗어나면서 어제 식당에서 같이 저녁을 먹은 주혜를 만나 함께 걷는다. 주혜는 공립 알베르게에서 머물렀다고 한다.

1시간 반쯤 걸어 라라소냐(Larrasoaña)에서 까페 콘 레체와 샌드위치로 아침을 먹는다. 까페 콘 레체는 까페라떼와 같다. 스페인에서는 아메리카노가 없다. 에스프레소인 까페와, 에스프레소에 우유를 섞어주는 까페 콘 레체가 있을 뿐이다. 위가 안 좋은 나는 까페가 부담스러워 매번 까페 콘 레체를 먹게 된다.

오늘 날씨는 화창하고 따뜻해서 걷기 좋은 날씨이다. 팜플로나는 3일 만에 만나는 큰 도시로 TV에서 자주 소개되는 산 페르민(San Fermin) 축제, 일명 소몰이 축제로 유명한 도시이다.

비교적 규모가 큰 도시인 팜플로나에는 다양한 숙박시설이 있다. 우선 아르가(Arga)강 옆에 있는 알베르게는 '까미노 친구들 독일 연합'에서 운영하는 알베르게로, 5유로라는 저렴한 가격에 묵을 수 있다. 꽃으로 장식되어 있고 별장 같은 느낌이 난다고 들었는

데, 실제로 가보니 강 옆에 홀로 있는 알베르게 건물 한 채가 왠지 쓸쓸해 보였고 생각했던 느낌과는 매우 달랐다. 팜플로나 구시가지에 성당과 편의 시설이 많은 공립 알베르게로 가자고 의견을 모았다.

주비리에서 묵었던 사립 알베르게는 도미토리룸에 2층 침대였다. 여러 명이 잠자는 것은 똑같은데 가격은 2배로 비싸서 공립이나 사립이나 시설 면에서 별 차이가 없었다. 그래서 굳이 비싼 사립에 머물지 말고 어차피 하룻밤 머무는 거 순례자에게 적당한 공립 알베르게에서 묵고 나머지 돈으로는 걷느라 고생한 우리에게 맛있는 음식을 사주자고 의견을 모았다. 론세스바예스의 공립 알베르게가 생각보다 좋았던 것도 이 결정에 한몫했다.

팜플로나 시립 알베르게에 도착한 시간은 오후 3시. 2012년에 수리했다는 시립 알베르게 데 헤수스 이 마리아(De Jesus y Maria)는 114명이 머물 수 있다고 한다. 방은 칸막이가 나뉘어 있지 않고 오픈된 큰 강당 같은 한 공간이었는데, 2층 침대들이 줄지어 늘어서 있었다. 깨끗하고 시설이 좋아 마음에 들었다.

그곳에서 한국 젊은이 철호도 만나 4명의 옷을 함께 세탁기에 넣고 돌려서 뒷마당에 빨래를 널었다. 농업국가인 스페인은 공기도 깨끗하고 햇볕도 좋아 빨래가 빨리 마른다.

한국에서의 계획으로는 팜플로나에서 스페인 유심을 사서 휴대폰에 장착하려 했는데 하필 오늘이 일요일이라 모든 휴대폰 가게들이 문을 닫아 그게 불가능해졌다.

샤워도 하고 빨래도 했으니 팜플로나의 유적지와 도시 구경에 나선다. 오늘이 휴일이라 옛 성터에는 관광객도 많이 보인다. 호석과 둘이서 이곳저곳을 구경을 다니다 중국인 마트를 발견해서 가봤다. 신라면이 있다. 신난다. 각자 신라면과 내일 먹을 생수, 빵,

오이를 산다. 한국에서 출발할 때 무게 때문에 라면 스프 5개만 챙겨왔는데 이곳에서 한국 라면을 만나니 반갑다.

순례자 용품 파는 가게에서 대한민국 국기를 발견하고 1개 사서 배낭에 매단다. 외국인들 속에서 지내다 보니 애국심이 마구 솟아오른다. 한국 사람들이 스페인의 까미노길을 걸으러 많이 오긴 하나보다. 한국 태극기를 스페인의 작은 도시에서 만나게 되니 말이다.

저녁을 먹기 위해 구시가지 근처 레스토랑으로 간다. 메뉴판은 전부 스페인어로만 되어 있고 영어 메뉴판이 없다. 당혹스럽다. 옷을 바꿔 입고 나오면서 한 장짜리 생존 스페인어 회화 종이를 알베르게에 두고 나온 데다 유심을 바꾸지 못해 인터넷이 안 되니 구글 번역기도 쓸 수 없다. 식당 종업원은 영어를 알아듣지 못해서 난감했다.

결국 내가 "음매~" 하고 소리를 내니 직원이 웃으면서 티본 스테이크를 가져다준다. 말은 못해도 밥은 굶지 않겠다. 저녁을 먹고 혼자서 성당으로 향한다.

팜플로나 대성당은 웅장하고 크고 화려하다. 내부에는 까를로스 3세와 그의 부인 레오노르의 묘가 있고 정면으로 보이는 제단은 황금으로 장식하여 화려함이 대단하다. 남아메리카의 식민지 사람들을 얼마나 착취했기에 이렇게 휘황찬란하게 금으로 치장을 했을까 생각하니 화려한 성당을 보는 마음이 편치 않다.

미사를 보러 간 내 마음은 내면의 믿음이 아닌 눈에 보이는 것으로 내린 판단과 험담을 늘어놓고 있다. 이건 순례길의 마음가짐

알베르게 입구

이 아닌데…… 빨리 알아차리고 내 마음에 집중했다.

진정한 신전은 건물이나 구조물이 아닌 나 자신의 마음속 내면에 있다고 한다. 외적인 현상이나 화려한 건물에 집중한다면 진정한 순례자가 아니다. 나의 몸 자체가, 내 생각이 신에게로 나아가는 신성이 깃든 신전이 아니겠는가. 관광객들의 시끄러운 부산함 속에서도 조용히 앉아서 묵상을 하며 마음챙김을 한다.

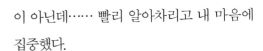

팜플로나 알베르게의 2층 침대들

팜플로나 성당 내부

순례길에 필요한 것은
무한 긍정의 마음

순례 4일 차   4. 18. 월요일

24km

팜플로나(Pamplona) → 푸엔테 라 레이나(Puente la Reina)

팜플로나 알베르게는 100명에 가까운 사람들이 한 공간에서 잠을 자는 오픈된 공간이다. 코를 고는 사람, 부스럭거리는 사람, 작은 독서등을 밝히는 사람들이 함께하는 이 공간이 어젯밤에는 다소 시끄러웠다.

한국인 60대 아주머니는 옆 침대 외국인 남자의 코 고는 소리가 너무 시끄러워 잠을 못 자겠다고 힘들어 하신다. 코 고는 소리가 마치 탱크 소리 같다. 멀리 떨어져 있는 내 침대에서도 그 소리가 들리니 가까이 있는 사람들은 오죽할까 싶다.

그럼에도 나는 잠을 잘 잤다. 이런 경우에 대비해서 한국에서 준비해온 수면제 반 알이 숙면을 취하게 해줬다. 약의 도움을 빌려서라도 빨리 자 버리는 게 건강에도 좋다. 어떠한 귀마개도 탱크가 지나가는 것 같은 코 고는 소리를 막아 내지는 못할 테니까.

새벽 6시 정도가 되면 아침 일찍 순례길을 나서는 사람들이 있다. 그래도 꿋꿋이 7시까지 잠을 잔다. 7시가 되면 대부분의 순례자들이 기상하는 시간이라 더 이상 누워 있기가 불편해진다. 침낭을 정리하고 배낭을 꾸려 놓고 알베르게의 주방에서 어제 산 라면으로 아침을 먹는다. 설거지를 끝내고 나니 알베르게가 조용하다. 대부분의 순례자들이 빠져나간 8시, 길을 떠난다.

배도 부르고 날씨도 좋아서 콧노래를 부르며 밀밭길을 지나간다. 푸른 하늘과 초록의 밀밭. 그리고 노란색 유채꽃. 자연의 아름다운 색깔들은 내 발길을 자꾸만 멈추게 한다. 알토 델 파르돈(Alto del Perdon) 고개는 언덕을 오르기 전 고도 500m에서 오르막을 오르는 길로 해발 800m 높이의 언덕에 있다. 파르돈 가는 길이 가파른 오르막이라고 들었는데 내가 걸어간 길은 완만한 고갯길이다. 순례길 첫날에 해발 1,400m인 피레네를 넘어서 그런지 이 정도 오르막은 가뿐히 올랐다.

파르돈 언덕에는 철로 만든 순례자 형상의 조각 작품들이 있다. 그 조각상은 걷거나 말을 타거나 조랑말에 짐을 싣고 큰 지팡이에 의지하며 순례길을 가는 모양을 하고 있다. 1996년에 만든 기념비다. 파르돈은 스페인어로 용서라는 뜻이다. '용서'. 세상에서 제일 하기 어려운 일이라고들 한다.

사소한 잘못을 한 사람을 용서하려 해도 '나'를 버리기 전에는 힘든 일인데, 하물며 내게 끊임없이 상처를 주고, 나를 배신하고, 괴롭히는 사람, 나에게 원수가 된 사람을 용서한다는 것은 결코 쉬운 일이 아니다. 나는 누구에게 용서 구할 일이 있었던가?

파르돈으로 가는 길에 한국인 단체 순례객을 만나서 조금 시끄럽다. 순례길은 걷고 싶은데 혼자 하기에는 두려운 사람이나 몸이 약한 사람들이 단체 여행을 이용한다면 괜찮을 것 같다. 단체 여

파르돈 언덕 조형물

파르돈 가는 길

행에서는 가이드와 전용 버스도 있고 까미노를 걷고 책을 쓴 작가가 함께하면서 상징적인 곳을 설명해준다. 하지만 많은 사람들이 우르르 몰려다니는 건 역시 내 스타일이 아니다. 위험이 없고 편하긴 하지만 정작 나 자신과 만나는 시간, 다양한 나라의 사람들을 만날 시간은 없을 것 같다. 시간과 건강만 허락된다면 혼자 순례길에 도전하는 것이 좋을 것 같다. 그들을 보면서 홀로 이곳에 선 나 자신에게 많은 칭찬의 말을 던져 본다.

한국에서 순례길을 준비하면서 얼마나 두려워하고 겁을 냈던가. 강도를 만나 돈을 잃을까, 몸이 못 버텨 아플까 하는 걱정에 비행기 표를 손에 쥐고도 이것을 취소해 버릴까 고민하곤 했었다. 파울료 코엘료의 책『순례자』에서 "배는 항구에 있을 때 가장 안전하지만 배는 항구에 머물기 위해 만들어진 것이 아니다"라고 말하고 있다. 나도 그러하다. 한국의 내 집에서 머물면 편하고 안전하다. 그럼에도 나는 집을 나섰다. 탈출구가 보이지 않은 절망적인 현실 속에서 살아남기 위해서는 내 마음을 바꾸는 것이 최선이다.

그 마음을 바꾸기 위해 익숙한 곳을 벗어나 낯선 곳에서 나를 바라보는 것, 내 마음 헤아려 보는 것이 나의 목적이었다. 그런 목적에 딱 부합하는 것이 바로 혼자서 걷는 까미노 순례길이었다. 힘든 나에게 하느님이 주신 선물 같다.

걷다 보면 같이 출발한 많은 사람들이 저마다의 걸음으로 뚜벅뚜벅 걸어가고 있다. 걷다 힘들면 마을 바에서 까페 콘 레체 한잔으로 다리쉼을 하고 스페인의 파란 하늘도 올려다본다.

아침에 힘차게 잘 걷던 순례길이 아직 익숙지 않은지 오후에는 체력이 떨어져 좀 힘들어진다. 오후 3시가 넘어 레이나 초입에 있는 데 로스 파드레스 레파라도레스(De los padres Reparadores) 알베르게에 도착했다.

순례를 시작한 뒤 처음으로 알베르게의 주방에서 저녁을 만들어 먹기로 하고 레이나의 슈퍼에서 장을 본다. 삼겹살 500g에 2유로라 정말 싸다. 레드와인은 1유로에서 10유로가 넘는 것까지 다양한데 3유로 이상만 되어도 맛있다. 상추와 마늘도 사고 내일 점심에 먹을 샌드위치 재료와 물까지 사서 피곤한 다리로 숙소로 돌아왔다.

스페인의 삼겹살은 오겹살처럼 두툼하지만 맛은 똑같다. 레드와인과 같이 먹으면 맛은 배가 된다. 좋은 사람들과 함께 하는 식사 시간은 기쁨과 행복이 가득하다.

저녁 8시 50분, 아직 밖은 환하다. 유럽은 지금 서머타임으로 한국보다 한 시간 늦게 밤이 찾아온다. 1543년에 만들어진 레이나의 산티아고 성당의 제단 역시 화려하지만 팜플로나보다는 차분하고 단아한 느낌이다.

미사가 끝나고 성당에서 알베르게로 돌아가는 길에 걷게 되는 마을 골목길은 중세시대 어디쯤으로 나를 데려다 놓은 것 같다. 어둠이 서서히 내리는 중세시대 골목길을 혼자 걷는 기분이 참 좋다.

레이나 성당

함께 만든 저녁 식탁

순례길에 필요한 것은 무한 긍정의 마음　51

까미노를
걷는 이유

 **21.8㎞**

순례 5일 차　　ㄴ. 1ㄱ. 화요일

푸엔테 라 레이나(Puente la Reina) → **에스테야**(Estella)

4월 하순에 접어드는데도 스페인의 아침은 많이 쌀쌀하다.

출발할 때는 패딩 조끼, 패딩 잠바, 고어텍스 재킷에 목수건까지 하고 걷는다. 30분쯤 걷다 보면 체온이 올라가면서 한 가지씩 옷을 벗는다. 걷다 보면 잠깐씩 비가 내리기도 하지만 5일째 계속 날씨가 좋다.

순례길은 동쪽에서 서쪽을 향해 걷는 길이라 출발할 때는 항상 그림자가 내 앞으로 길게 늘어져 있다. 시간이 지나면서 그림자는 점점 짧아지며 그림자가 등 뒤로 지날 때쯤이면 숙소에 도착하곤 한다. 레이나의 공립 알베르게를 출발해서 도심을 지나 마을을 벗어날 때쯤 아르가(Arga)강에 놓여 있는 푸엔테 라 레이나(왕비의 다리) 다리를 건너게 된다.

로마네스크 양식으로 만들어진 이 다리는 11세기 나바라의 왕 산초 3세의 왕비인 레이나 도냐 마요르(Reina는 왕비, Doña는 여성에게 붙이는 존칭, Mayor는 왕비의 이름)의 후원으로 지어졌다. 레이나라는 마을의 이름도 이 다리에서 유래했다고 한다. 중세의 아름다운 다리를 걸어서 까미노길로 나선다.

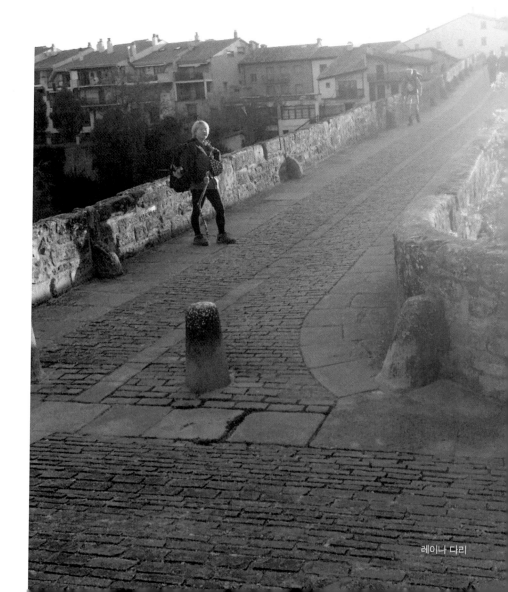

레이나 다리

로마시대로부터 2천 년간 사용되고 있는 도로

2시간쯤 걷다 보면 키라우끼(Cirauqui) 마을을 지나면서 프랑스 보르도(Bordeaux)에서 아스토르가(Astorga)까지 연결되어 있다는 로마 시대의 길을 만나게 된다. 로마 시대부터 지금까지 이용되고 있는 도로를 따라 2천 년의 시간 여행을 하는 느낌이 든다. 로마 시대 사람들이 걸어간 길을 따라 걸어서 순례길을 계속한다.

호석 덕분에 오늘도 무리 없이 21㎞를 걸어왔다. 오늘은 걷는 거리도 짧고 힘든 오르막이 별로 없어 에스테야 도착 시간이 빨랐다. 에스테야 공립 알베르게 앞 레스토랑에서 점심을 먹으면서 하루해가 아직 많이 남아 있으니 좀 더 걸어갈 것인지 여기서 멈출 것인지 고민을 했다.

내 마음은 여기서 멈추고 싶어 한다. 힘은 남아 있지만 하루쯤 짧게 걷고 고생한 다리에도 쉴 시간을 주고 싶다. 호석은 더 걷고 싶은 모양이었지만 술이 약해서 순례자 메뉴에 함께 나오는 와인에 취했다. 둘 다 여기서 멈추기로 하고 알베르게로 간다. 오늘 알베르게는 한국 사람들이 제법 많이 보인다.

요즘 동양인 중에서도 한국 사람들이 많이 온다고 유럽 사람들은 말한다. 한국의 많은 사람들이 이 먼 곳까지 와서 걷는 이유가 종교적인 것이냐고, 한국에 가톨릭을 믿는 사람이 많으냐고 묻는다. 영어 실력이 부족한 나는 구체적으로 설명하기가 힘들어 나는 가톨릭이지만 잘 모르겠다고 하고선 그저 웃고 만다.

호석이나 주혜, 철호 모두 종교가 없다. 60대 은퇴하신 부부도 종교는 없다. 여기 까미노길을 걷는 한국인들은 종교적인 이유보다는 종교 외적인 이유로 오는 경우가 많아 보인다.

까미노는 먹고 자는 것이 저렴해서 어디서 잠잘까 고민할 필요가 없다. 한두 시간을 걸으면 저렴한 숙소가 있고, 슈퍼도 있으니 장을 봐서 숙소에서 밥을 해 먹으면 된다. 다음 날 점심 샌드위치까지 만들어 다니면 1㎞당 1유로라는 저렴한 비용으로 하루를 지낼 수 있다. 이런 사정을 듣고 유럽 배낭여행을 하다가 경비가 모자라면 까미노로 오는 젊은이도 있다고 들었다.

이곳에는 아름다운 자연과 깨끗한 공기, 훌륭하고 역사적인 건축물도 있다. 하루에 20㎞ 이상을 걷다 보면 몸이 점점 좋아진다. 한국의 바쁜 현실에서 벗어나 한적한 까미노길을 걸으면서 새로운 인생 설계도 해보고, 살아온 삶을 돌아보기도 하고, 혼자 걸으면서 걷기 명상을 할 수도 있다. 이외에도 사람들을 끄는 매력이 이 길에는 널려 있다.

알베르게의 식당에서 파티가 벌어졌다. 브라질 남자 순례자가 60세 생일이란다. 한국 나이로 치면 환갑이다. 간단한 안주와 와인으로 파티를 열고 각 나라말로 생일 축가를 불러준다. 5일째 같은 길을 걷다 보면 순례길 첫날 만났던 얼굴들이 계속 보인다. 이제 제법 익숙해진 얼굴들이다.

저녁은 구글 어플인 트립 어드바이저(Tip Advisor)에 소개된 에스테야의 레스토랑에서 먹기로 하고 7시쯤 찾아갔는데 문이 잠겨 있다. 스페인의 레스토랑은 7~8시가 되어야 저녁 영업시간이 시작된다. 공립 알베르게는 밤 10시가 되면 문을 잠그기 때문에 10시 전에 알베르게로 돌아가야 하는 순례자들에게는 스페인 레스토랑의 늦은 저녁 오픈 시간이 꽤 불편하게 느껴진다.

7시 30분쯤 문을 연 레스토랑에서 티본 스테이크, 양고기, 맥주로 저녁을 먹는다. 트립 어드바이저의 추천 맛집답게 두툼한 티본 스테이크는 겉은 바삭하고 안은 촉촉하다. 스테이크와 양고기, 맥주와 함께 행복한 저녁이다.

브라질 순례자의 60세 생일

티본 스테이크

에스테야 가는 길

타인에 대한
배려

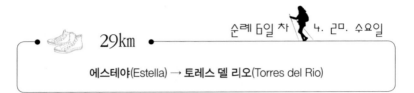

29km   순례 6일 차   4. 2ㅁ. 수요일

에스테야(Estella) → 토레스 델 리오(Torres del Rio)

7시 반, 알베르게를 나선다. 오늘은 긴 거리를 걸어야 하는 날이라 출발 시간을 앞당긴다. 갑자기 쌀쌀해진 날씨에 몸이 잔뜩 움츠러든다. 철호와 주혜는 다리가 아프다고 하루 더 에스테야에 머물기로 했다. 공립 알베르게는 원칙적으로 하루만 머물게 되어 있지만 몸이 아픈 경우에는 특별히 하루 더 머물 수 있게 해준다. 철호와 주혜는 20대 중반 한창 체력이 좋을 나이라서 배낭여행처럼 가볍게 길을 나섰나 보다. 두 사람 다 배낭이 무거웠다. 5일째 걷다 보니 피로가 누적되어 무릎과 발목이 아파서 더 이상 걸으면 몸에 무리가 갈 수도 있는 상태였다.

나는 나이라는 핸디캡을 극복하기 위해 까미노를 준비하면서부터 헬스장에서 근력 운동을 했고, 1시간 30분 거리의 짧은 등산을

주 2~3회 정도 꾸준히 했다. 그게 많이 도움이 된 것 같았다.

또, 아이들은 발바닥에 한두 개씩 물집이 생겼다. 나는 쉴 때마다 등산화 끈을 풀고 양말도 간간히 벗어서 발을 통풍시키고 바셀린을 발라 주며 물집이 생기지 않도록 노력했다. 그 덕분인지 아직 내 두 발은 별 탈 없이 잘 견뎌주고 있다.

재국은 장기간 배낭여행 중인데 몸무게가 나보다 가벼움에도 불구하고 자기 덩치만 한 큰 배낭을 메고 잘 걷는다. 어디에서 저런 힘이 나올까 싶다. 호석은 헬스 트레이너였으니 힘이 좋아 잘 걷는 게 당연했다.

그러다 보니 아침에 숙소에서 같이 출발해도 젊은 애들은 어느새 앞서가고 있다. 근력과 폐활량이 다르니까 걸음도 빠르다. 이제 벌써 6일 차, 혼자 걷는 것도 익숙하다. 걷다 보면 많은 사람들이 나를 앞서간다.

나를 스쳐 가는 사람들은 "부엔 까미노!(Buen camino : 좋은 까미노길 되세요)" 하고 인사한다. 힘든 나는 그때마다 짧게 "올라(Hola : 안녕하세요)" 하며 그냥 웃는다.

이 길에서는 1등도 없고 꼴찌도 없다. 그냥 오늘 내가 걷고 싶고, 가고 싶은 만큼만 가면 된다. 힘들면 택시를 타도 되고 하루 더 머물러도 되고. 어떤 것이든 좋다. 왜 그 많은 사람들이 까미노가 좋다고 이야기했을까 생각해본다. 이곳에서는 경쟁할 필요가 없다. 악착같이 남보다 더 잘나야 하거나 더 많이 가져야 하는 것들이 없으니 마음이 행복하다. 힘들어 길가에 쉬고 있으면 사람들은 "너

괜찮니? 힘내!" 하면서 지나간다. 경쟁이 없는 사회. 얼마나 멋진가. 서로에게 웃어 주고 위로해주는 곳, 배고파하면 나눠주고 힘들어하면 같이 걱정해주는 그런 곳. 까미노는 배려와 위안, 그리고 치유의 길이라고 하더니 정말이었다.

이 길은 나에게 엄한 잣대를 갖다 대고 벼랑 끝까지 몰아세우는 대신 '괜찮아. 잘 못 걸어도 괜찮아! 아프면 아프다고 해도 괜찮아 다 괜찮아'라며 다독여 준다.

30분쯤 걷고 나니 배가 고프다. 길옆 바에서 까페 콘 레체와 크루아상으로 아침을 먹는다. 일어나서 바로는 배가 고프지 않아서 지도를 보고 1시간 정도 걷다 마을이 나오면 아침을 먹지 않고 출발한다. 그러다 배가 고플 때쯤 마을이 나오면 다리도 쉴 겸해서 아침을 먹는 게 이제 익숙해졌다.

이라체(Irache) 수도원에 도착할 때쯤 보슬비가 내린다. 우의를 입을 정도는 아니어서 그냥 고어텍스 모자로 버틴다. 배려의 아이콘이 된 이라체 샘에 도착. 한쪽 수도꼭지에서는 물이, 다른 쪽 수도꼭지에서는 와인이 나온다.

배려의 아이콘 이라체 수도원

어린이 순례자

이곳은 옛날에 순례자 병원이었고, 순례자를 위해 빵과 와인을 나누어주던 전통을 지금도 보존하여 물과 와인을 무료로 제공하고 있다. 와인을 잔뜩 받아 갈 거라며 500㎖ 물병의 생수를 다 버리고 와인을 받기 시작했다. 그런데 이런! 와인이 찔끔찔끔 나온다. 뒤로 줄 서 있는 다른 순례자들을 위해 조금만 받고 물러선다. 사람의 욕심이란 이렇다. 그렇게 마음을 비우겠다고 론세스바예스에서 립스틱마저 버렸건만, 3유로만 주면 맛있는 와인을 큰 병으로 살 수 있는데 그걸 공짜로 얻겠다고 귀한 생수를 버리다니. 한편 우스웠다. 인간의 욕심은 끝이 없다. 길을 걸으며 많은 성찰을 하다가도 욕심은 이렇게 순식간에 튀어나온다. 이것이 죽을 때까지 나를 돌아보고 마음공부를 해야 하는 이유인 것 같다.

까미노 데 산티아고, 성 야곱의 길은 775㎞를 걷는 동안 많은 알베르게를 거치면서 자원봉사자들과 현지 주민들의 보살핌 속에서 걷는 길이다. 하느님은 인간을 위해 자신의 목숨까지도 내어놓으셨는데 우린 이 조그만 것을 취하기 위해 순식간에 욕심에 사로잡힌다.

일찍 출발한 덕분에 12시가 조금 지나서 로스 아르고스에 도착했다. 가이드북의 추천이 있어서 많은 순례자들은 이곳에서 하루 머물기를 원하는 경우가 많다.

로스 아르고스의 산타마리아 성당은 외벽만 봐도 규모가 크고 웅장하다. 시에스타(낮잠) 시간이라 성당 문이 잠겨서 내부를 볼 수 없어 아쉬웠다. 스페인의 성당 역시 시에스타를 지켜서 2시 이후에 문을 연다. 성당 앞 레스토랑에서 각자 한 가지씩 음식을 시켜서 나눠 먹기로 한다.

자식 같은 아이들 생각에 오늘도 내가 먹을 요리에 다른 요리 한 가지를 더 시킨다. 호석, 재국은 한창 먹을 나이이기도 하고 주머니가 가벼운 아이들을 위해 그래도 형편이 좀 나은 내가 요리 한 가지를 더 시켜서 나눠 먹는다.

5일째 순례자 요리를 먹다 보니 그 단순함에 질려 각자 취향대로 시켜서 나눠 먹는 게 익숙해졌다. 다양한 음식을 먹을 수 있어 좋다. 순례자 메뉴는 체력 소모가 많고 돈이 많지 않은 순례자들을 위해 10유로라는 저렴한 가격에 와인 1잔, 스프, 빵, 스테이크, 후식인 푸딩이나 요구르트를 세트로 묶어 파는 것이다. 메뉴 델 디아(오늘의 추천 음식)와 비슷하다.

아르고스를 지나면 보이는 포도밭

아르고스 성당 앞 카페

처음에는 생각 없이 먹었는데 매번 같은 걸 먹는 게 지루하기도 해 스페인의 다양한 음식에 눈을 돌리게 됐다. 그러다 보니 해산물 파에야, 토르티야, 소고기, 양고기, 파스타, 신선한 샐러드 등 단품으로 시켜 나눠 먹는데, 그 지방의 음식과 맛을 느낄 수 있어서 이편이 나았다. 음식값이 좀 더 나오긴 하지만 맛있고 다양한 음식을 먹을 수 있어 너무 좋았다.

점심을 먹고 있는 우리들 앞으로 팜플로나에서 순례를 시작한 21살의 앳된 한국 대학생 2명이 다리를 절뚝거리면서 지나간다. 우리는 6일 차라 어느 정도 몸이 적응해가는 시점인데 저 아이들은 3일 차라 한창 몸이 힘들 것이다. '얘들아, 힘내! 부엔 까미노!'

점심을 먹고 나면 몸은 나른해지고 한낮의 햇볕은 뜨거워진다. 스페인 사람들은 시에스타를 즐기는 시간, 다시 신발 끈을 조여 매고 힘차게 출발한다. 배가 부르니 걷기가 더 힘들어진다. 마을을 벗어나니 오른쪽으로 끝없는 포도밭이 펼쳐진다. 내리쬐는 태양과 포만감 때문에 생각 없이 터벅터벅 걷는데 레이나에서 만난 일본 아저씨가 힘차고 멋진 동작으로 스틱을 사용하면서 지나간다. 걷는 폼이 멋지다. 저렇게 걷는 것이 노르딕 워킹? 쭉 편 등과 곧은 자세로 스틱을 앞뒤로 흔들며 웃음을 보이곤 지나간다. 혼자 멍하니 걷다 그 폼이 멋있어 나도 워킹을 따라 해본다. 활기차게 하나 둘, 하나둘……. 하지만 10분도 못 가서 힘에 부쳐 주저앉는다. '그래 내 페이스대로 가야지. 뱁새가 황새 따라가다 가랑이가 찢어지지' 주위를 둘러보니 앞뒤로 순례자들이 아무도 없다. 대부분의 순레자들이 로스 아르고스에서 멈추나 보다.

천천히 걸으며 생각에 잠기다 심심하면 노래도 부르고 그러다 보면 어느새 내 뒤로 꽤 긴 길이 펼쳐진다. 활기차게 걷던 일본 아저씨도 스페인의 태양은 힘든지 길옆에서 쉬고 있다. 그 모습을 보니 천천히 걸어도 꾸준히 걸어가면 목적지까지 갈 수 있다는 생각이 든다.

산솔(Sansol)은 너무 작은 마을이라 순례자를 위한 편의시설이 없다. 그래서 조금 더 걷더라도 토레스 델 리오까지 가기로 했는데 이곳도 규모가 작긴 마찬가지다. 스페인도 시골에는 빈집이 많다. 마을에는 사람이 살지 않고 집을 판다는 간판이 여기저기 붙어있다. 공립 알베르게도 없다. 처음 도착한 사립 알베르게가 깨끗해 보여서 짐을 풀었는데 다른 사립 알베르게와 시설은 비슷한데 비싸다. 샤워실의 전등이 일정 시간이 지나면 꺼져서 많이 당황스러웠다.

개인적으로 첫 번째 알베르게보다 언덕 위의 3번째 알베르게가 마음에 든다. 토레스 델 리오에 있는 산토 세풀끄르(Santo Sepulcro) 성당은 입장료 1유로를 받고 있으며 지금까지의 화려한 스페인 성당과 달리 오직 예수님상과 십자가만 있는 소박한 곳이다. 예루살렘의 사원 에우나테(Eunate) 성당과 같은 팔각 성당으로 성당 입구 위에 산토 세풀끄르 기사단 문장인 십자가가 새겨져 있고 천장에는 꼭짓점마다 이슬람 양식의 영향을 받은 별 모양의 작은 창이 나 있다.

밖에는 보슬비가 내리고 소박한 성당은 찾는 이가 없다. 혼자서 기도하고 묵상을 한다. '나의 하느님 저에게 노란 화살표를 보여 주세요. 제 앞에 캄캄한 어둠이 가득하고 제 인생에서 어디로 가야 할지 알지 못할 때 까미노의 노란 화살표처럼 내가 가야 할 길을 보여 주신다면 참 즐겁게 걸어가겠습니다' 30분쯤 앉아 있으니 몸에 한기가 들기 시작한다. 햇볕이 나는 날은 걷다 보면 땀이 나기도 하는데 오늘같이 비가 오는 날은 더 춥다.

오늘도 나의 선택은 행복

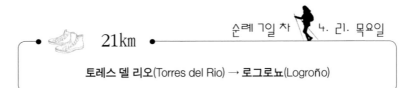

순례 7일 차　4. 21. 목요일

21km

토레스 델 리오(Torres del Rio) → 로그로뇨(Logroño)

어제 오후부터 내리는 비는 아침까지 계속 내리고 있다. 1주일이 지나니 기상 시간은 6시가 됐다. 침낭 개고 배낭을 꾸리면 7시가 된다. 늦어도 7시 30분 안에는 알베르게를 나서는 패턴이 자리 잡아 가고 있다. 처음 며칠은 우왕좌왕하던 짐 정리가 익숙해지면서 손놀림도 빨라지고 요령도 생겼다.

우의를 입어도 비를 맞고 걷는 건 불편하다. 조금씩 내리는 비를 맞고 아침을 먹기 위해 마을 바에서 3유로의 아침을 신청한다. 아침이라고 해야 주스, 까페 콘 레체, 크루아상 빵 1개가 다다. 참 간단한 아침이다. 슈퍼가 따로 없는 작은 마을이라 바에 딸린 가게에서 오늘 먹을 오이와 물을 준비한다. 다음 마을인 비아나(Viana)까지는 11km. 2시간을 넘게 걸어야 하는 거리다. 비가 오는 날은 길옆에 앉아서 빵을 먹기도 어려워 토레스 델 리오에서 아침을 먹고 출발하기로 한다.

비가 내리면 온도가 확 떨어져 한기가 몰려온다. 내가 가지고 있는 옷을 죄다 껴입고 우의를 걸친다. '걷다 보면 열이 나면서 몸이 따뜻해지겠지'라는 생각이다. 어제 7㎞를 더 걸은 덕분에 오늘 목적지인 로그로뇨까지 21㎞만 걸어도 된다고 생각하니 신나기만 하다. 참 우습다. 누가 시켜서 하는 것도 아닌데 적게 걸어도 된다는 생각에 행복해하고 신나 하다니.

비를 맞고 걸으며 생각에 잠긴다. 비가 오고 힘들 땐 다른 생각을 하고 걸으면 덜 힘들다.

누가 나를 힘들게 하는가. 고통스럽게 하는가. 고통과 기쁨은 다른 사람에 의해서 나에게 주어지는 것이 아니라 내가 순간순간 느끼는 것이다. 내가 느끼고 받아들이지 않으면 고통도 기쁨도 없다.

어떤 것이 이로운 선택인가? 항상 선택이란 것이 나에게 주어진다. 그러면 빨강머리 앤처럼 나도 나에게 이렇게 주문을 걸자. '자오늘 하루도 나는 행복을 선택하자' 이렇게 초 긍정 마인드를 팍팍 밀어 넣어 보지만 비를 맞고 있는 현실은 녹록지 않다. 우의는 길어서 걸리적거리고 길은 질퍽거리고 힘은 점점 빠져 간다. 그때 순례길에서 마주치는 얼굴들이 지나가면서 "부엔 까미노!" 하며 웃어 준다. 나도 같이 덩달아 웃는다. 그 미소와 목소리들이 나에게 힘을 주어 다시 걷게 한다.

호석과, 재국은 먼저 바에 도착하면 내가 잘 볼 수 있게 바 입구에 배낭을 놓아둔다. 느린 나를 배려한 행동이다. 나 역시 그곳에 멈추어 같이 몸도 녹이고 화장실도 가고 카톡도 하면서 휴식을 취한다. 아이들이 고맙다. 단지 같은 한국 사람이라고 이렇게 배려해주다니 고마운 친구들이다. 까미노에는 배려와 친절이 곳곳에 널려 있다.

10~20분 정도 휴식을 취하고 나면 다시 출발한다. 너무 많이 쉬면 다시 걷기에 힘이 드니까. 휴식은 적당히 하는 게 좋다. 21km의 짧은 거리를 2시가 되기 전에 다 걸어서 로그로뇨 알베르게에 도착한다.

아침에 비를 맞고 출발했지만 점심 이후부터 햇볕이 나서 스페인의 화창하고 푸른 하늘이 흰 구름과 함께 눈부시다. 스페인 까미노 친구들 연합에서 운영하는 알베르게 정원에는 먼저 도착한 순례자들이 빨래를 널어놓고는 분수대 근처 벤치에 둘러앉아 이야기꽃을 피우고 있다.

우리도 접수대에서 순례자 여권에 스탬프를 받고 방을 배정 받는다. 나는 나이가 많은 순례자이므로 도미토리룸의 1층 침대를 배정받고 재국과 호석은 2층을 배정받는다. 대부분의 알베르게는 노약자는 1층, 젊은 사람은 2층 침대를 배정한다.

두 아이들이 오늘도 난간이 없는 2층 침대에서 쪽잠을 청해야 한다니 내 마음이 좀 불편하다. 2층 침대에 난간이라도 있으면 떨어질 걱정은 안 할 텐데 침낭 속에서 몸부림이라도 치면 여지없이 바닥으로 떨어질 것이다. 재국과 호석이 걱정이다.

알베르게 도착 후 짐을 풀면 침대에 침낭을 펼쳐두고 샤워를 하고 그날 입은 옷을 빨아서 마당에 널어놓는다. 스페인의 건조한 날씨 덕에 한낮의 햇볕에 빨래를 널면 몇 시간 안에 마른다.

재국을 만나고부터 환경주의자가 되어간다. 재국은 남미 여행 때부터 샤워할 때 비누나 샴푸를 사용하지 않는다고 한다. 스페인은 농업국답게 미세먼지 자체가 없는 데다, 까미노길에는 자동차 매연도 없으니 땀과 흙 이외에는 옷이 더럽혀질 것이 없다. 속옷, 양말, 윗도리는 매일 빨지만 등산바지는 흙만 털어서 3~4일 만에 한 번씩 빨아 입는다. 손빨래터는 따로 있다. 세탁기도 있지만 대부분 3유로를 내야 한다. 처음엔 손빨래하는 곳이 따로 있다는 걸 알지 못해서 샤워할 때 옷을 같이 빨았더니 호스피탈레로(남자 자원봉사자)가 주의를 줬다.

많은 사람이 사용하는 샤워실이라 빨래까지 하면 시간이 오래 걸려서 뒷사람이 기다리게 되고, 뜨거운 물로 빨래를 하면 에너지 소비가 많아져서 그런 것 같았다. 빨래터에는 찬물만 나온다. '한국 사람 망신시키지 않게 주의해야지' 다짐하며 오랜만에 저녁을 해 먹을 생각으로 장을 보러 가기로 했다.

창원에서 왔다는 남자 두 분은 오늘 하루 너무 많이 걸어 다리가 아프고 힘들다며 우리가 장을 봐오면 자기네들도 돈을 내겠다며 같이 음식을 만들어 먹자고 제안했다. 두 분은 로스 아르고스에서 걸었으니 28㎞를 걸어 왔고 우리는 토레스 델 리오에서 걷기 시작해서 21㎞만 걸은 날이라 덜 힘들었기에 그렇게 하기로 했다.

로그로뇨는 대도시라 스페인의 대형슈퍼인 디아(Dia)가 있다. 식료품과 와인이 가득하다. 삼겹살과 와인, 즉석 파에야, 빵 등을 사와서 식당에서 요리를 한다.

세계 각국의 많은 순례자들이 함께 사용하는 주방이라 여기서도 예의를 지켜야 한다. 간혹 한국 사람들이 백숙을 해 먹는다고 몇 개 되지 않는 가스 불을 장시간 사용하는 경우가 있는데 그러면 다른 나라 사람들에게 눈총을 받는다. 백숙처럼 시간이 오래 걸리는 요리는 식사시간을 피해서 해먹는 게 좋을 것 같다.

우리도 저녁 시간인 6시를 피해서 5시쯤 삼겹살을 굽는다. 한국의 오겹살처럼 두툼해서 빨리 익히기 위해 요령을 부린다. 삼겹살을 먼저 전자레인지에 돌려서 익힌 후 프라이팬에 구우면 냄새도 덜 나고 시간도 단축할 수 있어 좋다. 즉석 파에야는 전자레인지에 데우고 스페인의 상추와 고추는 씻었다. 내일 먹을 계란까지 삶았는데 20~30분 만에 주방 사용을 끝냈다. 삼겹살은 기름이 많이 튀는 관계로 가스레인지 주변을 깨끗이 닦는 것도 잊지 않는다.

저녁을 먹고 근처 성당으로 혼자 미사를 보러 간다. 세례 받은 지 1년도 안 된 나이기에 미사라는 단어가 한국말인 줄 알고 있었다. 그런데 가톨릭의 세계 공용어라고 한다. 그래서 자원봉사자에게 미사를 어디에서 볼 수 있는지 물어볼 때는 그냥 "돈데 에스따 미사(Donde esta missa : 어디에서 미사를 하나요)?"라고 물어보면 된다. 신기하다.

로그로뇨의 산타 마리아 라 레돈다(Santa Maria la Redonda) 대성당에서 미사가 끝나고 흰 수염을 멋지게 기른 남자 가수의 특별공연이 있었다. 기타 한 개를 들고나와 찬송가를 부르는 것 같았는데 목소리가 청아하고 매혹적인 게 너무 좋아서 알베르게의 문이 10

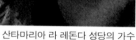
산타마리아 라 레돈다 성당의 가수

로그로뇨의 밤거리

시면 닫힌다는 것도 잊은 채 마냥 앉아 있었다. 공연이 끝난 시간은 밤 9시를 훌쩍 넘긴 시간. 아차, 싶어 급히 성당을 나왔지만 로그로뇨는 제법 큰 도시라 어둠이 내려앉은 그곳에서 알베르게로 가는 길을 잊어버려 당황스러웠다. 그럴 땐 용감하게 지나가는 사람에게 물어보는 게 좋다.

단, 남자 혼자 있는 사람은 안 되고 되도록 남녀커플이나 여자에게 물어보자. 애들에게 가르쳤던 기억을 떠올리며 지나가는 사람 중에 커플이면서 현지인 같아 보이는 사람에게 짧은 스페인어로 물어본다. 당연히 못 알아들으니 시내지도를 손으로 가리키면 그들은 지도와 손으로 이쪽저쪽 이렇게 저렇게 설명해 준다. 겨우 10시 전에 숙소 도착.

도미토리룸의 등은 꺼져 있고, 취침 중인 사람들도 있다. 오늘도 행복을 가득 가슴에 품으며 잠자리에 든다.

고통을 호소하는 발,
강해져 가는 몸

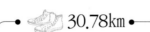

순례 8일 차   4. 22 금요일

30.78km

로그로뇨(Logroño) → **나헤라**(Nájera)

까미노를 걷기 시작한 뒤 처음으로 30km를 넘게 걷기로 한 날이다. 1주일이 지나면서 몸이 단단해지고 걸음걸이도 빨라진 것 같아 이 정도는 거뜬히 걸을 수 있다고 큰소리쳤다. 하지만 속으로는 겁을 먹고 있었는지 다른 날보다 눈이 더 빨리 떠졌다. 숙소의 불이 켜지기 전이라 손전등에 의지해서 침낭과 짐들을 대충 들고 복도에 나와서 짐 정리를 했다.

부지런한 사람들은 벌써 출발하고 있다. 어제 저녁의 삼겹살 파티로 아침까지도 속이 든든했다. 재국과 호석에게는 6km 떨어져 있는 로그로뇨시 공원 그라헤라(Grajera)에 있는 바와 레스토랑에서 아침을 먹자고 말한 뒤 먼저 알베르게를 나선다. 내가 걸음이 느리다 보니 먼저 출발을 한다. 그래도 젊은 애들은 체력도 좋고 걸음도 빨라서 어느새 나를 따라잡는다.

6시 50분, 가랑비가 내리는 하늘엔 아직도 어둠이 남아 있다. 어제 같이 저녁을 먹은 창원에서 온 조병덕, 이영우 씨가 막 출발하려고 해서 같이 보조를 맞춘다. 혼자 걷기는 컴컴한 거리가 아직 무섭다. 그라헤라 공원에 도착하니 활기찬 하루를 시작하는 로그로뇨 시민들이 조깅을 하며 인사를 하고 지나간다.

로그로뇨에서 출발하던 날 아침

그라헤라 공원 수돗물

누군가에게는 일상적인 하루의 시작일 뿐이겠지만 까미노를 걷는 우리에게는 하루하루가 새로움과 흥미로움의 나날들이다. 무거운 배낭을 메고 도착한 공원의 바와 레스토랑은 문이 굳게 닫혀있어 화장실도 갈 수 없는 상황이다. 아쉽지만 공원 벤치에 앉아 배낭에 있는 비상식량인 에너지바와 물로 배를 채우고 출발한다. 결국, 3시간을 걸어 12㎞ 지점에 있는 나바레테(Navarrete)의 라아순시온(La Asuncion) 성당 앞에서 창원 아저씨들과 다섯 명이 점심을 먹는다.

요 며칠 사이 2시간 정도 걷고 나면 발바닥에 통증이 느껴진다. 뒤꿈치가 아프면 앞쪽으로 디뎌 걷고 앞쪽이 아프면 옆쪽으로, 옆쪽이 아프면 다시 뒤꿈치로 요령을 부려 걷는다. 호석은 발에 물집이 계속 생긴다. 재국도 다리를 절고 있다. 몸에는 근육이 붙어 점점 좋아지는 것 같은데 발바닥은 점점 고통을 호소하고 있다.

잠시 멎었던 비가 다시 내리기 시작한다. 고어텍스 재킷만으로 버티기에는 비가 좀 많이 내려 우의를 꺼내 입고 천천히 흙길을 밟고 간다. 햇볕이 나면 흙길이 건조해져서 걷기 좋은데, 요 며칠 비가 계속 내려 길이 온통 물웅덩이와 진흙투성이다. 등산화에는 어느새 흙이 잔뜩 묻어 무겁게 느껴지기 시작한다.

삼시 세끼는 꼭 챙겨 먹자는 게 내 원칙이다. 그래서 아침을 좀 늦게 먹긴 했지만 점심 때가 되자 점심 먹을 곳을 생각한다. 저마다의 걸음걸이로 가다 보니 쉴 곳과 먹을 곳, 숙박할 알베르게는 대충 정하고 움직여야 한다. 점심은 벤토사(Ventosa)에서 먹기로 했다. 여느 때처럼 먼저 도착하는 사람이 적당한 바나 레스토랑을 골라 배낭을 문 앞에 두면 찾아가 함께 밥을 먹기로 했다.

창원 아저씨네는 손수 만든 샌드위치로 점심을 대신한다고 해서 재국과 호석, 나는 벤토사에서 다리도 쉴 겸 모여 점심을 먹는다. 밥이 먹고 싶을 때는 쌀로 만든 파에야나 샐러드, 스파게티를 먹는다. 걷는 중에는 술 종류는 먹지 않기로 하여 와인 대신 까페 콘 레체를 시킨다.

점심을 다 먹고도 내리는 비를 보면서 출발 시간을 계속 늦추며 앉아서 놀고 있다. 춥고 다리가 아프고 비 맞기도 싫은 마음이다.

그래도 오늘은 먼 거리를 걸어야 하는 날이기 때문에 서로를 다독이며 레스토랑을 나선다. 나헤라(Nájera)는 제법 큰 도시다. 고속 버스터미널도 있고 큰 슈퍼인 디아도 있고 도시로 들어서는 입구에는 중국인 식당도 있다. 좋다. 저렴한 가격에 오랜만에 동양의 볶음밥과 각종 요리를 먹을 수 있겠다 싶었다. 저녁 먹으러 다시 오자고 약속하고 공립 알베르게를 찾아간다.

상점들을 지나고 성당을 지나고 고속 터미널도 지나고 강을 건너 20분 정도 걸어가면 마을의 끝자락에 오늘의 숙소인 공립 알베르게가 나타난다. 숙박비는 기부제다. 나는 5유로를 기부함에 넣는다. 많은 순례자들이 기부제 알베르게에서는 너무 적은 돈을 기부하다 보니 알베르게의 운영이 어려워 요즘은 5~10유로 정도의 숙박비를 책정하는 공립 알베르게들이 늘어나고 있다. 간혹 기부제 알베르게에서 전혀 돈을 내지 않는 사람도 있는데 올바르지 않은 일인 거 같다. 정말 가난한 순례자가 아닌 이상 차 한 잔 값이라도 기부하는 게 맞다고 생각한다.

접수대에서 침대를 배정받고 돌아서는데 갑자기 소란스럽다. 창원에서 온 이영우 씨가 아침을 먹은 나바레테의 레스토랑에 지갑을 두고 온 것 같다고 한다.

스텝인 자원봉사자들은 나이가 있어 영어가 서툴다. 짧은 스페인어와 영어로 손짓 발짓 섞어 가며 대화를 한다. 구글 맵으로 식당의 위치를 파악해서 스태프에게 보여주지만 직접 그곳으로 택시를 타고 가서 알아보는 게 제일 빠르다고 한다. 정확하게 그곳에 지갑이 있다면 택시를 타고 돌아가겠지만 누가 가져갔다면 택시비만 날릴 상황이라 뒤에서 걸어오고 있는 한국인 요리사 부부에게 나바레테의 레스토랑에 직접 들러서 지갑이 있는지 알아봐 달라고 부탁을 했다.

오늘 30㎞ 이상을 걸은 기쁨도 누리지 못한 채 다들 표정이 굳어 있다. 그나마 다행인 것은 현금을 분산해둔 덕분에 배낭에 여분의 현금이 있어 급한 돈은 쓸 수 있다는 점이었다. 침대를 배정받고 내 침대로 가니 바로 옆자리는 계속 마주쳤던 브라질 아주머니, 다른 쪽은 네덜란드 할아버지가 계신다. 반갑게들 인사한다.

알베르게에 도착하면 배낭 풀고 바로 일회용 베개 커버와 침대 커버를 씌운다. 그 위에 침낭을 펼치고, 샤워하고, 빨래를 한다. 이게 순례자의 일상이다. 어떤 일이든 매일 하다 보면 익숙해진다.

다들 장시간을 걸어 다리가 아프지만 마을 구경은 하고 싶다며 알베르게를 나선다.

알베르게 주위에 있는 쇼윈도가 화려한 보석 가게, 옷 가게, 기념품 가게를 기웃거려 보지만 무엇 하나 살 생각은 들지 않는다. 있는 것도 줄여가는 순례자는 욕심을 부리면 몸과 마음이 무거워진다. 우리 일행들은 누가 봐도 순례자 포스다. 다들 슬리퍼에 등산복 아니면 트레이닝복이다. 상인들도 우리에겐 눈길도 안 준다. 마을 입구에서 본 중국집으로 다들 몰려간다. 문을 열어보지만 굳게 닫혀있다. 지금 시각은 6시 30분, 30분을 더 기다려야 한다. 스페인의 레스토랑은 7~8시에 문을 연다는 걸 또 잊은 것이다. '중국 식당도 레스토랑인 것을.'

시간을 때우기 위해 길 건너에 있는 슈퍼로 가서 내일 먹을 물과 과일을 사고 할 일 없이 구경을 한다. 7시 정각이 되어 다시 중국 식당 앞으로 간다. 아직도 식당은 닫혀있다. 스페인 레스토랑은 시에스타와 쉬는 시간을 더하면 언제 일하고 돈을 버나 싶다. 7시 30분에야 가게로 들어가 앉는다. 다섯 명이 볶음밥, 탕수육, 메뉴판에 나오는 맛있어 보이는 요리 세 가지를 시켰다. 오랜만에 푸짐하고 맛있는 요리를 먹었다. 그러고도 1인당 8유로다. 저렴한 저녁식사다.

숙소로 가는 길에 요리사 부부로부터 연락이 왔다. 우리가 갔던 그 레스토랑에서 지갑을 본 사람이 아무도 없다고 한다. 기대는 안 했지만 혹시나가 역시나였다. 어쩌겠는가. 잊을 건 빨리 잊어야지. 그렇게 또 하루가 지나간다.

삶과 죽음에 대한
사색

 21km

순례 14일 차   4. 23. 토요일

나헤라(Nájera) → 산토 도밍고 데 라 칼사다(Santo Domingo de la calzada)

　오늘은 리오하(Rioja) 지방에서 가장 매력적인 코스로 소문난 길을 걷게 된다. 사진에선 본 끝없는 밀밭길과 푸른 하늘이 맞닿은 곳, 그리고 노란 유채꽃 자연의 색이 어우러져 눈부신 길! 게다가 오늘은 21km만 걸으면 되는 몸과 마음이 가벼운 날이다. 오전에는 간간히 비가 뿌렸지만 곧 스페인의 눈부신 푸른 하늘이 흰 구름 사이로 펼쳐진다.

　첫 번째 마을 아소프라(Azofra)에서 아침을 먹고 신발 끈을 조여맨다. 이제 편의 시설이라고는 아무것도 없는, 밀밭과 하늘만 펼쳐지는 들판을 10km 걸을 것이다. 창원에서 온 조병덕씨가 까미노 노래를 틀어준다. 제목은 울트레야(Ultreia)다.

Ultreïa(울트레야)

Tous les matins nous prenons le chemin,

(매일 아침 길을 나서네)

Tous les matins nous allons plus loin.

(매일 아침 우리는 더 멀리 간다네)

Jour après jour, la route nous appelle,

(하루 또 하루, 길이 우리를 불러)

C'est la voix de Compostelle.

(그것은 산티아고의 목소리)

Ultreïa! Ultreïa! E sus eia

(전진, 전진, 그리고 전진, 신께서 우리를 도와주시네)

Deus adjuva nos!

Chemin de terre et chemin de Foi,

(땅의 길, 신앙의 길)

Voie millénaire de l'Europe,

(유럽 천 년의 길)

La voie lactée de Charlemagne,

(샤를마뉴의 은하수길)

C'est le chemin de tous mes jacquets.

(이것이 모든 순례자들의 길이라네)

Ultreïa! Ultreïa! E sus eia

(전진, 전진, 그리고 전진. 신께서 우리를 도와주시네)

Deus adjuva nos!

Et tout là-bas au bout du continent,

(저곳, 대륙의 끝에서)

Messire Jacques nous attend,

(성 야곱이 우리를 기다린다)

Depuis toujours son sourire fixe,

(언제나 그의 한결같은 미소로)

Le soleil qui meurt au Finistère.

(피네스테레에서 지는 태양에서, 그곳에서)

Ultreïa! Ultreïa! E sus eia

(전진, 전진, 그리고 전진. 신께서 우리를 도와주시네)

Deus adjuva nos!

비 온 뒤의 맑은 날씨는 덥지도 춥지도 않은 게 상큼하다. 의지를 북돋우는 멋진 노래와 좋은 사람들, 그리고 아름다운 밀밭길, 그 모든 것들이 행복이고 내가 까미노에서 얻은 큰 선물이다.

아소프라에서 산토도밍고 데 라 칼사다로 가는 길은 파울로 코엘료의 소설 『순례자』의 주인공이 산 채로 매장당하는 훈련을 한

끝없는 밀밭길

끝없는 메세타 밀밭길

곳이다. 주인공이 산 채로 매장당하는 훈련으로 죽음을 경험한 후 한 말은 "다른 세계로 떠나야 할 순간이 왔을 때 가장 큰 죄악과 함께 가서는 안 된다. 그것은 후회라는 죄악이다"였다.

내가 죽을 때 나는 어떠한 삶의 마침표를 찍을까? 잘 살았다고 할까. 후회한다고 할까? 이제 60을 바라보는 나이. 100년 전, 아니 내 부모 세대가 살았던 50년 전만 해도 만 60살에는 환갑잔치를 크게 했다. 그땐 60살까지 산 것만 해도 큰 축복이었다. 2016년 지금은 80살을 넘기는 노인들이 흔하게 보인다. 내가 80살이 되는 2037년이 되면 사람이 100살을 살 것이라고 예측한다. 그럼 나의 자연사 수명은 42년이 남았다. 인생의 반 이상을 살아온 지금 인생의 후반전을 생각한다. 나는 이제 내 인생을 리셋해야 한다.

끝없이 펼쳐진 밀밭과 푸른 하늘은 저절로 나를 생각의 심연으로 몰아간다. 올해 초 여러 가지로 힘들었던 삶의 순간들, 코치 자격증을 따겠다고 밤새워 공부했던 것들, 딸아이에게 눈총받아 가며 내가 피아노를 가르치던 중학생에게 물어가며 컴퓨터 문서를 작성했던 것들까지 생각난다. 나는 스스로 아날로그 세대라고 우기면서 컴퓨터를 멀리하던 사람이었다. 인생의 후반전을 준비하면서 이제 나도 변화의 필요성을 느낀다. 뇌과학자가 말했다. 인간의 뇌는 익숙한 것과 많이 접하는 것은 좋은 것, 처음 접하거나 익숙하지 않은 것은 나쁜 것으로 분류한다고. 내가 싫어하지만 해야 하는 것이 있다면 매일매일 조금씩 행동하여 뇌가 좋은 것으로 인식하게끔 해보자. 파이팅!

헉! 이 아름다운 까미노 들판에서 내 생각 속에 갇혀 그냥 스쳐 지나간다. 그러나, 이제 멈춰 서서 좌우를 둘러본다. 끝없이 펼쳐진 초록의 융단에 노랗게 수놓아진 자연의 그림 앞에서 크게 숨을 쉰다.

오후 1시 산토 도밍고 데 라 칼사다의 공립 알베르게에 짐을 푼다. 이곳은 주방에서 취사가 가능해서 오늘은 다들 저녁을 해먹자고 의견을 모은다. 창원 아저씨네가 파스타를 만들어 주신다고 한다. 까미노를 위해 한국에서 파스타 만들기 연습을 하고 오셨다며 오늘 그 솜씨를 펼쳐 보이겠다고 한다. 역시 요즘은 요리하는 남자가 유행이다.

재국과 호석도 부엌에 서면 알아서들 요리를 척척 잘한다. 슈퍼에서도 오늘 어떤 요리를 해먹을 건지 정하는 것도 잘하고, 망설임 없이 재료들을 준비한다. 이에 반해, 부엌 근처에도 안 가본 아저씨들은 이것저것 요구하는 것도 참 많다. "마늘 좀 까 주실래요?", "양파 좀 다듬어 주실래요?" 나 역시 할 일이 있는데 그러다 보니 정작 내가 해야 할 일을 못 하고 요리 보조나 하고 있다.

삼겹살 기름이 마구 튀어서 알베르게 봉사자분들이 걱정스러운 눈빛을 보낸다. 우리는 성스러운 길을 걷는 순례자다. 남에게 피해를 주는 건 안 된다. 나로 인해 누군가가 피해를 본다는 건 까미노 정신에 위배되는 일이다. 이 길은 배려와 사랑의 길이다. 기름 튄 부엌을 깨끗이 닦고 설거지도 깔끔하게 마무리를 해서 다음에 사용할 순례자들을 위한 배려도 잊지 않는다.

저녁 미사를 보러 간 산토 도밍고 성당에는 살아있는 닭 2마리가 있었다. 여기에는 옛날부터 전해오는 전설이 있다. 12세기 중세 때 독일 청년이 부모와 함께 순례에 나선다. 그 가족이 산토 도밍고의 한 여관에 묵게 되는데 여관집 주인 딸이 잘생긴 이 청년에게 반해버렸다.

여관집 딸이 유혹했지만 청년은 단호히 거절한다. 이에 앙심을 품은 처녀는 성당의 은잔을 훔쳐 청년의 가방에 숨기고 그 청년이 훔쳤다고 절도죄를 뒤집어 씌웠다. 결국 청년은 교수형에 처해졌다. 그 청년의 부모는 아들의 시신을 보기 위해 교수대로 갔다. 그런데 아들이 멀쩡하게 살아있었다. 마을 영주에게 이 사실을 알리자 영주는 "당신의 아들이 살아있다면 내 식탁 위에 있는 구운 닭 두 마리가 살아나겠군"이라며 비웃었다. 그 순간 식탁 위에 있던 구운 닭에서 털이 나더니 닭이 날개를 퍼덕이며 살아났다고 한다.

나중에 밝혀진 사실은 이렇다. 도밍고 성인이 청년의 발을 받쳐줘서 청년이 교수대에서 살 수 있게 된 것이다. 그렇게 청년은 누명을 벗고 부모와 함께 다시 순례길을 나섰다는 전설이다. 전설에 나오는 닭 2마리가 21세기인 현대에도 성당의 높은 유리창 너머 벽장 속에서 움직이고 있는 것이 신기하다. 이 닭들은 며칠에 한 번씩 교대 근무를 한다고 한다. 재미있는 성당이다. 저녁 미사 시간에는 그 닭장의 창문을 닫아 버려서 8시 미사 이후에는 볼 수 없

었다. 닭들도 퇴근한
모양이다.

도밍고 성당의 살아있는 흰색 닭

자원봉사자들과 함께

떠나는 사람과 남는 사람,
누가 더 슬플까

● 22.1㎞ ●

산토 도밍고 데 라 칼사다(Santo Domingo del La Calzada) → 벨로라도(Belorado)

　　자동차 도로를 옆에 두고 나란히 걷는 길이 계속 이어진다. 보행자 도로가 있지만 속도를 내서 달리는 자동차들의 소음이 정신을 산란하게 한다. 출발하고 얼마 지나지 않아 비가 내리기 시작한다. 굵어지는 빗방울에 우의를 꺼내 입는다. 점점 웅덩이가 많아져서 신발이 웅덩이에 빠지지 않게 조심해서 걷다 보니 걸음이 느려진다.

　　걷는 게 익숙해진 요즘, 평지는 1시간에 5㎞를 가고 있다. 그러나 오늘같이 비가 오는 진창길에서는 속도가 붙지 않는다. 스페인의 봄 날씨는 변덕스러워 그렇게 퍼붓던 비가 그치고 어느새 흰 구름과 푸른 하늘이 내려앉았다. 초록 밀밭 사이로 곧게 뻗은 황톳길이 그림을 그리고 있다.

　　창원에서 온 이영우, 조병덕 씨는 회사에서 휴가를 내서 온 것이라 프랑스길 풀코스를 걸을 시간이 되지 않아 벨로라도에서 부르고스까지 점프하기로 하고 점심식사 후 택시를 불러 떠났다. 비를 맞으며 택시에 배낭을 싣고 떠나는 모습을 보니 괜스레 마음이 울컥해진다. 떠나는 사람과 남는 사람 중에 누가 더 슬플까? 길에서는 만나고 헤어지는 것이 당연한데, 겨우 3일 같이 동행했을 뿐인데도 슬픈 것은 비 때문일까. 익숙지 않다. 창밖으로 내리는 비를 하염없이 바라본다.

지금 난 먼 이국땅에서 무얼 하고 있나. 왜 이 길 위에 서 있나. 무엇이 나를 이렇게 한계상황까지 몰고 왔을까. 매일 같이 나에게 물어보는 질문들을 또 하고 있다. 비가 오는 날이면 비가 와서, 맑은 날이면 하늘이 너무 푸르러서 생각은 더 많아진다. 그냥 외롭다. 곤혹스럽도록……

비 오는 벨로라도 입구 레스토랑

걷다 보면
인생이 뒤로 보인다

순례 11일 차   4. 25. 월요일

27.7㎞

벨로라도(Belorado) → 아게스(Agés)

벨로라도가 조금 큰 도시라 까미노길 찾기가 쉽지 않았다. 헤매다 경찰관에게 길을 묻는다. 공간지각력이 좋지 못해 맵스 미 어플을 보면서도 도시 속에서 길 찾기가 쉽지 않다. 나는 아날로그 세대라며 디지털 기계들은 별로 가까이하고 싶지 않다고 큰소리쳤는데 혼자 낯선 곳에서 길을 걷다 보니 문명의 편리함을 이용하지 않는 게 바보라는 생각이 든다.

'진작 휴대폰과 컴퓨터를 좀 더 배워둘 걸' 하는 후회가 든다. 하늘은 맑고 구름 한 점 없이 청명하다. 비 올 때와 달리 몸도 가뿐하고 기분도 좋다. 마을을 지날 때마다 아름다운 성당들을 마주친다. 성당에 갈 때마다 남편과 아이들의 건강을 위해 초 하나를 켠다. 그리고 내가 무사히 산티아고에 도착하기를 빌면서 또 하나의 초를 켠다.

비야프랑카 몬테스 데 오카(Villafranca Montes de Oca)에서 한국인 요리사 부부를 만났다. 이영우 씨가 지갑을 잃어버렸을 때 나바레테 레스토랑에 들러 지갑을 찾아 봐 달라고 부탁했던 그 요리사 부부다. 듣기로는 한참 뒤에서 걷는다기에 나이가 많을 것이라고 생각했는데 생각보다 젊은 부부다. 반갑게 인사하며 이야기꽃을 피운다. 대만에서 스페인 레스토랑을 하고 있었는데 장사가 잘 됐다고 한다. 하지만 중국 사람들의 텃세와 외국인에게 유독 무거운 세금을 부과해서 레스토랑을 팔았다고 했다. 지금은 까미노를 걸으며 새로운 사업을 구상 중이라고 한다. 오늘 걷는 길은 벨로라도에서 고도를 400m 올려 오카산을 지나는 길이다. 옛날에는 도적 떼와 사나운 산짐승들 때문에 순례자들에게 두려운 곳이었다고 한다.

지금은 아름다운 떡갈나무와 덤불이 무성한, 고요하며 평온한 길이다. 4월 말인데도 나무에는 새순이나 잎이 돋아나지 않아 나뭇가지가 앙상하다. 그 가지 너머로 보이는 파란 하늘이 수채화가 된다.

남편에게 이 사진을 전송했더니 "걷다 보면 인생이 뒤로 보인다"고 문자가 왔다. 한 방향으로 가는 까미노길은 우리의 인생처럼 앞서간 사람들의 발자취를 따라간다.

모든 사람은 태어나서 죽는다. 출발이 있으면 끝도 있다. 그 과정에서 기쁨과 슬픔, 행복이 어우러져 이야기가 되고 우리 삶을 구

남편에게 보낸 떡갈나무 사진

성하는 인생이 된다. 모든 순례자들은 최종 목적지인 까미노 데 산티아고를 향해 나아간다. 우리 인생도 죽음을 향해 나아간다. 축복 받은 까미노처럼 죽음을 숙명으로 생각하지 않고 초월할 수 있다면 죽음은 또 하나의 축복이 될 수 있다.

오늘은 맑고 쾌적한 날씨와 아름다운 산길 덕분에 행복하게 걸었다. 아게스 마을로 들어가는 입구에 '산티아고 518㎞'라는 간판이 보인다. 생 장 피에 드 포트에서 260㎞를 걸어 왔다. 한발 한발 걷다 보면 어느새 산티아고 대성당에 도착해 있겠지.

아게스에 있는 시립 알베르게에 요리사 부부까지 한국 사람 5명이 짐을 푼다. 오랜만에 화창한 날씨에 10일 동안 목에 감고 다니던 목수건과 패딩, 조끼, 바지까지 빨래를 한다. 요 며칠 비가 오락가락하는 흐린 날씨 탓에 양말을 말리지 못했었다. 옷핀으로 고정해서 배낭에 걸어서 하루 종일 말렸는데 오늘은 몇 시간 안에 다 마를 것 같다.

와인 한잔과 빵으로 점심을 대신하면서 옆 테이블의 할아버지 두 분과 이야기꽃을 피운다. 66세인 두 할아버지는 이탈리아 분들이시고 친구 사이로 같이 까미노를 걷고 있다고 하신다. 66세면 할아버지라고 해야 하나, 아저씨라고 해야 하나? 두 분은 영어가 전혀 안 된다. 우린 이탈리아 말을 전혀 모른다. 구글 번역기와 보디 랭귀지로 대화를 한다.

까르로 할아버지는 활달하시고 친구분은 과묵하시다. 할아버지들은 이탈리아어를, 우린 한국어를 서로에게 가르쳐 준다. 이탈리아어로 '안녕하세요'가 '차오, 차오'다. 우리도 '안녕하세요'를 '안녕'이라고 짧게 가르쳐 주니 쉽게 잘 따라 하신다. 점심을 먹고 마을 구경을 나선다.

아게스 마을은 조그만 동네로 건축가 산 후안 데 오르테가(San Juan de Ortega)의 작품들로 꾸며진 마을이다. 마을 산책 겸 오르테가의 작품들 구경을 나선다. 아기자기하게 꾸며 놓은 집들과 정원들은 마을 전체가 설치 미술가의 예술 작품 같다. 마을 사람들은 보이지 않고 순례자들만 마을의 이곳저곳을 기웃거린다.

아게스 알베르게

아게스 마일 입구

상상만으로도 힘든
100만 년 전 사람들의 삶

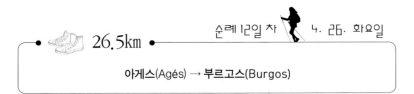

순례 12일 차   4. 26. 화요일

26.5㎞

아게스(Agés) → 부르고스(Burgos)

숙소에서 제공하는 아침을 먹고 7시 50분에 출발했다. 순례길이 익숙해지면서 6시 기상, 7시 출발이 몸에 익었는데 가끔 아침을 먹고 출발하다 보면 이렇게 늦게 출발하기도 한다. 요리사 부부는 아침을 먹지 않고 7시에 출발했나 보다. 오늘은 25.6㎞만 가면 되는 일정이니 아침까지 먹고 느긋하게 출발한다.

자욱한 안갯속을 40분쯤 걸어가니 아타푸에르카(Atapuerca)가 보인다. 선사시대 사람의 모습이 그려진 큰 간판이 어둠이 채 가시지 않은 안갯속에 서 있다. 안갯속의 선사시대 사람의 모습을 바라보니 괴기스럽다.

이곳에서 3㎞ 정도 가면 있는 선사시대 유적지는 유네스코 세계 문화 유산으로 지정된 곳으로 100만 년 전 최초의 유럽인이 살았던 곳이라고 한다. 상상이 안 되는 세월을 건너뛰어 동양인인 내가 여기 서 있다. 100만 년 전 사람들도 나처럼 인생에 대해 고뇌하고 의미 있는 삶과 행복을 논하였을까.

억겁의 세월 동안 수많은 많은 사람들이 나고 죽고 했을 텐데 고작 100년의 삶에 힘들어하고 고뇌하고 있다니 가소롭다는 생각에 슬쩍 웃어버린다. 아타푸에르카를 지나 산길을 올라간다. 아직 안개가 걷히지 않아 혼자 걷는 산길이 으스스하다. 뒤따라오는 순례자들의 모습이 보이면 또 안심이 된다.

마타그란데봉 정상에 올라서니 돌무더기 위에 나무 십자가가 보인다. 나무 십자가 아래 놓여 있는 돌무더기는 이곳을 지나는 순례자들이 재앙을 떨치고 신의 보호를 빌기 위해 올려놓은 돌멩이로 만들어졌다고 한다.

우리나라에서도 산길을 걷다 보면 소원을 빌기 위해 길옆에 돌탑을 쌓는데 스페인에서 그런 돌무더기를 만나니 반갑기도 하다. 언덕을 지나 카르데뉴에라 데 리오피코(Cardeñuela de Riopico)에서 휴식을 취한다. 이곳에는 많은 순례자들의 사진에서 볼 수 있는 주렁주렁 무거운 짐을 잔뜩 진 순례자 그림이 있다. 큼지막한 배낭에 라디오, 다리미, 헤어드라이어, 축구공까지……. 마음을 비우고 욕심을 내려놓고 최소한의 것만 가지고 떠나는 순례길인데. 한국 사람들의 짐은 대체로 가볍다. 서양 사람들은 덩치도 크고 힘도 좋아서 그런지 무거운 배낭을 메고 가는 사람들이 많다.

마타그란데봉 십자가

　산길을 벗어나면서 안개는 걷히고 해가 난다. 한국에서 백두대
간을 탈 때도 사람이 사는 마을 근처에서 길을 잃는 경우가 많은
데 까미노에서도 도시 안이나 근교에서는 길을 잃곤 한다. 알베르
게나 레스토랑 주인들이 손님들을 자신의 가게로 오도록 하려고
노란 화살표를 그려 놓은 경우도 있고, 누군가 장난을 치려고 노란
화살표를 그려 놓기도 한다.

　길 끝에서는 다시 까미노 루트와 합쳐지기도 하지만 초행의 길에
서 두 개의 노란 화살표가 보이면 많이 당황하게 된다. 내 걸음이
늦다 보니 까미노길에서 두세 시간이 지나면 내 뒤로는 순례객들
이 별로 보이지 않는 날이 많다. 이날도 화살표가 왼쪽 방향으로
그려져 있었다. 그런데 전방 100m 언덕 아래 밀 밭길 사이로 빨간
옷을 입은 사람은 왼쪽 길이 아닌 오른쪽 길로 가고 있다.

내가 서 있는 자리에서는 노란 화살표가 분명 왼쪽 길로 표시되어 있는데 지금 이곳에 있는 순례자는 나와 앞쪽에 보이는 빨간 옷 입은 사람뿐이다. 혹시 앞서가고 있는 저 사람이 길을 잘못 가고 있는 건 아닐까 하고 목청껏 소리 질러 불러 세운 뒤 물어본다. 여기 화살표가 왼쪽 길로 표시되어 있다고……. 그 외국인은 자신이 있는 곳에 까미노 표시가 있으니 그곳으로 오라고 손짓한다.

까미노에서는 유럽 사람들의 정보가 더 정확한 경우가 많아 그 사람의 말을 따라 오른쪽 길로 방향을 잡는다. 그 외국인은 아일랜드에서 온 데이비드다. 그도 혼자서 10일간 휴가를 내어 까미노를 걷는 중이며 직업은 돌을 가지고 작업하는 석공이라고 한다. 그는 오늘 부르고스까지만 걷고 내일 아일랜드로 돌아간다며 아쉬워한다. 시간이 되면 또 와서 부르고스부터 걸을 것이라고 한다. '좋겠다! 가까우니 오기도 쉽겠네' 속으로 부러운 생각이 들었다.

대부분의 한국 사람들은 비행기를 타고 기차를 타고 2일에 걸쳐 생 장 피에 드 포트에 도착해서 걸으니 한 번에 끝까지 걸을 각오를 하고 까미노에 온다. 30일 이상의 긴 시간을 필요로 하는 순례 길이다 보니 한국 사람들 사이에는 까미노길을 '실업자의 길'이라고 이름 지어 부른다. 직장을 그만두거나 옮기기 전 새로운 창업을 구상하기 위해, 혹은 은퇴 후에 오는 사람들이 많기 때문이다.

데이비드와 같이 걸으며 언제 출발했는지 어디까지 걷는지, 오늘은 어디에서 멈추는지, 이름, 직업 국적까지 물어봤지만 나이랑 가족관계는 물어보지 않았다. 영어회화 수준이 그리 높지 않다 보니 한 10분 정도 대화하다 보면 더 이상 할 말이 없다. 단어가 부족하니 깊이 있는 정치, 경제 이야기, 남북한 이데올로기, 이런 것도 몇 마디 간단한 단어가 끝나면 아는 단어가 없어 무슨 말을 해야 할지 생각이 안 나 그냥 웃는다.

키도 커서 엄청 잘 걸을 텐데 이 사람은 왜 빨리 안 가지. 심지어 키 작은 나를 배려해서 천천히 걸어간다. 하! 미치겠다. 아무도 없는 밀밭길을 단둘이 걸으니 더 이상 할 말도 없다. 그렇다고 아무 말도 안 하자니 어색하고 침묵만 흐른다. 얼마 후 길옆 마을 바에서 쉬고 있는 호석과 재국을 만났는데 구세주를 만난 듯이 반가웠다. 드디어 이 어색함에서 벗어날 수 있다.

부르고스는 대도시다 보니 도시 초입에서 구시가지까지 1시간 정도를 걸어야 한다. 그래서 많은 순례자들이 택시나 버스를 이용해서 부르고스 대성당과 알베르게가 있는 대성당 근처 구도시까지 간다고 한다. 나도 한국에서 까미노 루트를 짤 때는 부르고스 초입에서 구시가지의 알베르게까지 택시를 타고 가겠다고 계획을 짰는데 호석을 따라 걷다 보니 어느새 부르고스 시내를 걷고 있다. 부르고스는 지금까지 걸어온 까미노 중에서 제일 큰 도시다. 대도시답게 고층빌딩들이 즐비하다.

1시 30분, 드디어 저 멀리 구시가로 들어가는 화려하고 위풍당당한 건물이 보인다. 오늘 숙소는 대성당 옆에 있는 공립 알베르게로 시설이 깔끔하고 쾌적해서 좋다. 주방은 있으나 취사는 안 되는 것 같고 전자레인지만 되는 것 같다.

중간에 헤어졌던 데이비드가 내 침대 바로 위의 2층 침대를 배정받아서 또 만났다. 영어가 짧으니 반갑게 인사하고 끝이다. 이곳 알베르게는 새로 지어서 시설이 깔끔하고 개인 전등과 콘센트, 개인 금고까지 있어서 너무 좋다. 공동 샤워 시설에서는 뜨거운 물이 콸콸 쏟아지고 순례자들을 위해 제공되는 것들이 모두 최고다. 단 5유로에 이 정도의 시설에 머무를 수 있다는 게 행복하다.

까미노길에서는 단순해진다. 푹신한 침대와 부드러운 이불이 있는 한국에 비하면 이곳은 20~30명이 함께 묵는 불편한 도미토리 2층인데도 행복감을 느낀다. 이걸 보면 역시 사람의 행복은 상대적인가 보다.

부르고스는 '튼튼한 마을 방어탑'이라는 뜻을 가지고 있다고 한다. 884년에 디에고로드리게스가 세운 작은 마을이었는데 1075년에 오카(Oca) 주교청이 옮겨오면서 대도시로 변모하게 되었다고 한다. 부르고스 산타미리아 대성당은 13세기에 고딕양식으로 지어졌으며 세비아 대성당 다음으로 큰 성당이다.

부르고스는 스페인의 영웅 엘시드의 고향이기도 하다. 11세기 초 아랍 무어인과의 전투에서 엘시드는 맹활약을 했으며 프랑스의 롤랑과 함께 인정받는 중세의 영웅이다. 엘시드는 스페인의 귀족 집안에서 태어난 귀족 출신의 전쟁영웅인데 엘시드를 산적이라고 말하는 이도 있다. 역사는 누가 쓰느냐에 따라 침략자가 영웅이 되기도 한다. 역사는 승자의 기록이다.

부르고스 대성당은 세계 각지의 관광객과 순례자들이 들르는 곳이

다. 영어, 스페인어, 불어, 이탈리아어 등 각 나라말로 미사를 볼 수 있는 시간표가 적혀 있고 고해성사를 3개 국어로 할 수 있다고 한다. 영어만 좀 잘했으면 나도 고해성사를 할 수 있을 텐데 안타깝다.

부르고스 대성당이 크다 보니 한국 가톨릭 신자들이 성지순례 차 방문하는 모양이었다. 대성당에 딸려 있는 작은 성당에서 한국말로 한국인 신부님이 미사를 집전하는 모습도 보인다. 스페인의 많은 성당 미사에 참석했을 때는 여자들이 아무도 미사포를 쓰지 않았다. 그래서 항상 미사포를 쓰고 있는 한국 여자분들은 바로 알 수 있다.

부르고스 시내구경은 그냥 눈요기만 하기로 한다. 팜플로나에서 욕심내어 산 수첩도 결국 나바레테에 두고 왔듯이 당장 필요하지 않은 것들을 생각 없이 사게 되면 내가 짊어질 배낭의 무게만 늘려 힘들어지게 되기 때문이다.

필요한 것이라 해도 없으면 생명에 지장이 되는 것 외에는 안 산다. 그 순간만 참으면 불편한 것도 필요한 것도 없어진다. 욕심을 내려놓으면 내 몸이 편해지고 욕심을 부리면 내가 괴롭다. 우리 인생도 그러할 텐데 어느 순간 집착과 욕심이 올라와 괴롭힘을 당하는 나 자신을 보면서 호흡을 가다듬는다.

내가 행복해지기 위해서 얼마나 많은 것들이 필요할까? 내가 즐겁기 위해서 무엇이 필요한가. 내가 원하는 것들이 나에게 꼭 필요하고 절실한 것들일까 생각해본다. 마음먹기에 달렸다고 하지만 그 마음 먹기가 잘 안 되니 마음공부를 하고 내려놓기를 하는 것이다.

이곳저곳을 둘러보다 정작 부르고스 대성당 입장시간을 놓쳐서 건물 외벽과 작은 성당들만 둘러본다. 그리고, 언젠가 또 한 번 이 길 위에 서기를 바라는 마음으로 아쉬움을 접고 이곳을 나선다.

7시 30분, 미사 시간은 남았고 저녁도 먹었으니 인터넷이 가능한 바에서 시간을 보낸다. 몇 번 만난 적이 있는 네덜란드 할아버지랑 간단한 대화를 이어간다. 산티아고가 적혀 있는 멋진 야구 모자를 쓰고 있어 어디서 샀느냐고 하니 산티아고에서 샀다고 한다.

산티아고에서 생 장 피에 드 포트로 돌아가서 걷는 중이냐고 물어봤더니 까미노 프랑스 길을 벌써 4번째 걷고 있다고 한다. '와, 한 번도 아니고 4번씩이나!' 한편으론 이해가 된다.

네덜란드에서 스페인은 가까운 데다, 비교적 건강과 시간적 여유가 있는 67세의 할아버지니 말이다. 영어랑 스페인어를 참 잘한다고 말했더니 남미 페루에서 몇 년간 근무했었다고 한다. 영어가 부족한 나를 위해 쉬운 단어로 천천히 말해 주는 네덜란드 할아버지의 배려가 고맙다.

부르고스 대성당

환상의 세계로 데려다주는
밀밭길과 혼타나스

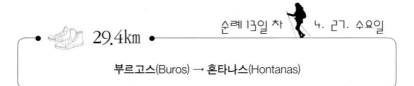

순례 13일 차   4. 27. 수요일

부르고스(Buros) → **혼타나스**(Hontanas)

아침 7시, 시립 알베르게를 나선다. 벌써 7시지만 스페인의 서머타임으로 아직 해는 뜨지 않고 빛을 잃은 달이 은빛 부르고스 성당과 함께 흑백사진처럼 눈에 와 닿는다. 오늘은 많은 순례자들이 힘들어하는 메세타 지역에 들어서는 날이다.

부르고스에서 레온까지는 새로운 풍경이 펼쳐질 것이다. 카스티야의 평원, 메세타 지역은 하늘과 맞닿아 있다. 끝없는 지평선을 바라보며 걷다 보면 먼지가 풀풀 날리는 메마르고 거친 자갈길과 길옆으로 난 초록의 밀밭길이 나오는데, 그 사이로 까미노길들이 이어져 있다.

여름에는 그늘 한점 없는 땡볕이라서 숨이 턱턱 막히는 더운 열기가 순례자들을 괴롭힌다. 겨울에는 차가운 들판의 바람들이 거침없이 몰아쳐 매우 춥다. 봄, 가을 우기 때는 비 때문에 길이 진창길이 된다. 그러다 보니 순례자들 사이에 악명 높은 구간이 되었다.

일부 순례자들은 메세타 지역은 힘들고 볼 것도 없다며 부르고스에서 레온까지 버스나 기차를 타고 건너뛰기도 한다. 9㎞를 걸어서 타르다호스(Tardajos) 바에서 까페 콘 레체 한잔과 부르고스에서 사 온 빵으로 아침을 먹는다.

타르다호스에서 도로를 따라 걷다 보면 나무 그늘 하나 없는 메세타가 펼쳐진다. 오늘은 너무 춥지도 덥지도 않은 게 걷기 딱 좋은 화창하고 바람도 간간히 부는 날씨다. 메세타가 힘들다는 말을 너무 많이 들어서 겁을 잔뜩 먹었는데 끝없는 풍경들이 이어져 오히려 소풍 나온 것 같아 즐겁기도 하다.

부르고스에서 출발하던 날 아침

메세타 지역

오르막길도 100m 정도만 오르면 금세 신나는 내리막길이 나온다. 한국에서 보기 힘든 새파란 하늘과 맞닿은 초록 융단을 펼쳐 놓은 것 같은 밀밭과 자갈길은 보기만 해도 감탄사가 나오게 한다. 작은 언덕 위에 올라서서 눈앞에 펼쳐지는 들판을 보면 멋지다. 날아갈 듯 상쾌하다. 확 트인 들판이 평화롭다. 알고 있는 형용사를 다 동원한다.

너무 감동스러워 벅차면 슬픔의 감정도 올라오나 보다. 함께 못한 가족들의 얼굴이 떠오르면서 그리움이 밀려온다. 어느새 단조로운 길에서 나의 생각은 내면 깊숙한 곳으로 달려간다.

내가 왜 이 길 위에 서 있는가. 나는 무엇을 얻고 무엇을 버리고 갈 것인가. 나는 앞으로 어떠한 삶을 살아야 하나. 나의 하느님은 아시겠지. 까미노의 노란 화살표처럼 내 인생의 노란 화살표가 어디로 향할지.

10대 때의 나는 40살이 된다는 걸 끔찍하게 생각했다. 늙고 주름진 얼굴, 추한 모습만 떠올라 내가 40살이 된다는 건 도저히 인정할 수 없었다. 나는 그전에 죽어버릴 거라고 일기장에 적곤 했다. 그런데, 지금 나는 40살이 한참 지난 58살이 되어 있다.

멀게만 느껴졌던 40년의 세월이 도대체 어느새 이만큼 흘러온 건지. 그렇게 두려워했던 불혹의 40살이 되었을 때 나는 오히려 덤덤했고 60을 바라보는 지금의 나를 들여다보면 그래도 잘 살았구나 싶은 생각이 든다. 이상한 곳으로 나를 내몰지 않고 잘 다독이며 새로운 것들을 배우며 평범한 길로 걸어온 나에게 찬사를 보낸다.

그럼 앞으로 20년 후 80살로 향하는 나에게 난 또 어떤 주문을 걸까. 그 나이에 나는 잘살고 있을까? 내일보다 내세가 먼저 올 수도 있다는 말도 있다. 살아온 날보다 살아갈 날이 적은 건 분명한 나이. 그렇다고 손 놓고 그저 매일 매일을 죽음을 향해 걸어가는 것도 불쌍한 일이다. 어떻게 사는 것이 잘사는 것일까? 한동안, 아니 살아있는 동안은 하나하나의 화두를 붙잡고 사고하고 수행하며 살펴봐야 하겠지. 내가 원하든, 원치 않든 한발 한발 앞으로 걸어가면 인생의 끝에 도달해 있겠지.

생각과 상상의 나래를 펼치며 허허벌판을 걸어 언덕에 올라서는 순간 저 멀리 작은 마을이 떡하니 펼쳐져 있었다. 혼타나스(Hontanas)라는 말이 애니메이션 영화 포카혼타스를 떠올리게 했고, 몽환적인 느낌과 풍경이 펼쳐져 있었다. 쌀쌀하고 흐린 날씨와 함께 혼타나스를 바라보자니 환상의 세계 속 작은 마을에 와 있는 듯했다.

부르고스를 지나면서 자주 만나던 익숙한 얼굴들이 사라지고 새로운 얼굴들이 눈에 많이 띈다. 부르고스에서 레온으로 건너뛰는 사람들, 대도시 부르고스에서 하루 더 머무는 사람들, 우리처럼 바로 순례길로 나서는 사람들까지 순례길의 일정이 달라져서 부르고스 이후로 길에서 새로운 얼굴들을 많이 만난다.

한국 아가씨 초은을 길에서 만나 같은 알베르게에 머물기로 한다. 초은과 동행했던 일행들은 혼타나스 초입에 있는 알베르게로 숙소를 정했고 우리 일행은 좀 더 마음에 드는 알베르게가 있을 것 같아 마을 중앙까지 내려가 살펴봤다. 그러다 인마쿠라다

혼타나스 마을 입구

(Inmaculada) 성당이 보이는 건너편 알베르게에 묵기로 한다.

1층은 간단한 식사와 술을 파는 바고 2, 3층은 숙소다. 호석, 초은, 재국 나 4명이 같은 방을 배정받고 각자 침대에 침낭을 펼친다. 낮에 만난 스페인 젊은이가 건너편 침대를 배정받았는지 인사를 한다. 밀밭 길을 걸을 때 그는 다리가 아파서 절뚝거리며 걷고 있었는데 양말을 벗은 발목이 퉁퉁 부어올라 있어서 굉장히 아파보였다. 바라보는 나의 얼굴까지 찡그려질 정도였다.

알베르게 앞 내일 일정표

얼마나 아플까. 호석도 발에 물집이 잡혀 계속 소독하며 걷고 있고, 재국도 남미에서 트레킹을 많이 한 탓에 내리막길을 갈 때마다 무릎이 아프다고 하는데 스페인 젊은이의 발은 그보다 심각한 수준이다. 그런데도 포기하지 않고 계속 걸을 것이라고 한다. 스페인 사람이면 발을 치료하고 다음 기회에 걸어도 될 텐데 무리해서 걸으려고 하는 게 안타깝다. 무슨 사정이 있는 게 아닐까 싶다.

혼타나스 입구에 있는 레스토랑으로 저녁을 먹으러 간다. 돈가

스가 있다고 해서 찾아갔더니 한국의 돈가스와 비주얼이 다르다. 맛도 물론 다르다. 그저 그렇다. 그런데, 한국의 순대와 모양과 맛이 똑같은 모르시야(Morcilla)는 정말 맛있다. 스페인의 시골에서 한국의 순대를 만나다니 참 신기하다.

정신적인 고통과 육체적인 고통, 어느 게 더 힘들까

순례 14일 차   4. 28. 목요일

34.6km

혼타나스(Hontanas) → **프로미스타**(Fromista)

어제부터 날씨가 추워지더니 오리털 잠바를 입고도 춥다. 어제 만난 한별, 초은과 함께 5명이 같이 길을 나선다. 한별, 초은은 4월 14일, 호석과 나는 4월 15일, 재국은 4월 16일에 각각 생 장 피에 드 포트를 출발했다. 이렇게 까미노 출발 날짜들이 제각각이다.

4월 14일에 피레네 산을 넘은 초은 일행은 바람이 너무 거세게 불어 무거운 배낭만 아니었으면 날려 갔을 것이라고 한다. 16일 피레네를 넘은 재국 일행 역시 바람이 거센 데다 눈, 비까지 내려 배낭에 걸어둔 옷까지 날아갔다고 한다. 15일 피레네를 넘은 호석과 나는 날씨가 너무 좋아 소풍 가듯 걸었는데 이야기를 들어보니 피레네의 날씨는 하루하루가 변화무쌍한 것 같다. 서로 이야기꽃을 피우며 걷다 보니 어느새 산 안톤(San Anton) 수도원의 아치를 그냥 지나쳐 버렸다.

어젯밤, 까미노 루트를 검색하면서 많은 순례자들이 산 안톤 수도원의 아치문 오른쪽 벽에 소원을 적은 편지, 메모, 일기장 등을 남겨둔다는 이야기를 들었다. 나도 역시 소원을 적은 메모를 고이 간직하고 갔는데 안타깝게도 지나쳐 버려서 무척이나 아쉬웠다.

산 안톤 수도원

까스트로헤리스

까스트로헤리스(Castrojeriz)에서 까페 콘 레체를 마시면서 다리쉼을 하고 명상의 길 메세타로 나선다. 메세타의 매력은 구경거리가 전혀 없는 허허벌판이 끝없이 이어진 길이다. 그저 묵묵히 걸으며 내 생각에 온전히 집중할 수 있어서 좋다.

함께 출발하지만 어느새 각자의 걸음으로 한 방향을 향해 가는 순례자들, 젊었든 늙었든 자신에게 꼭 필요한, 지고 갈 수 있는 만큼의 짐만을 진 채 메세타 길을 묵묵히 걸어가는 순례자들은 모두 수행자들이다. 이 길을 거쳐 간 많은 사람들은 이렇게들 표현한다. 목적이 종교든, 호기심이든, 건강이든 이 길을 걷는 그 자체가 몸으로 하는 기도라고.

내 체력으로는 보아디야 델 카미노(Boadilla del Camino)까지만 걷고 멈추는 것이 맞다. 혼타나스에서 출발하는 많은 순례자들은 이곳에서 멈추어 하룻밤 쉬어 간다. 먼저 간 호석과 아이들이 잠깐 멈추고 회의를 한다. 호석은 더 걸을 수 있으니 프로미스타(Fromista)까지 가자고 하고, 재국은 모두의 의견에 따르겠다고 한다. 초은, 한별은 결정을 못 하고 있다. 마지막으로 도착한 나에게 의견을 물어온다.

생 장 피에 드 포트에서 출발한 날짜도 모두 다르기 때문에 혼자서 더 가든 머물든 선택은 각자의 몫이다. 하지만 이 길에서 혼자는 많이 외롭다. 아침저녁에만 얼굴들을 봐도 외국인이 아닌 한국 사람들과 함께 한국말을 할 수 있다는 것은 많은 위안이 된다.

마음까지 맞으면 더할 수 없이 좋은 길동무도 된다. 프로미스타까지는 6㎞ 정도, 약 1시간 30분을 더 걸어야 하며, 오늘 걸은 총 거리는 34㎞가 된다. 지금까지 30㎞를 넘겨 본 적이 없는데 호석은 조금씩 더 걸으면 산티아고까지 가는 날을 단축할 수 있다며 의견을 제시한다.

까미노를 걸은 지 14일째. 이제 체력도 많이 좋아졌고, 내 짐 2㎏ 정도를 호석이 들어주니 물과 먹을 것을 넣고도 6㎏이라 한번 도전해봐도 될 것 같은 생각이 든다. 그러나 많이 걸어서 발바닥 곳곳에 통증이 올라올 걸 생각하면 멈추고 싶기도 하다. 하지만 선택은 오롯이 내 몫이다. 그래서 갈등이 생긴다.

해보지 않은 건 항상 두려움의 대상이다. 한국에서 까미노를 걷기로 작정하고 두려워서 얼마나 고민을 했었는지 모른다. 그렇지만 막상 이렇게 시도해보니 잘 걷고 있지 않은가. 누군가 그랬다. 할까 말까 고민되면 해야 하고, 갈까 말까 고민되면 가야 한다고.

그래. 가자. 58세 늙은이가 가겠다는데 20~30대 젊은 그대들이 안 따라오겠는가. 다들 의기투합해서 함께 걷기 시작한다. 한낮의 찌는 태양열과 지열, 건조한 공기는 짊어진 배낭의 무게와 함께 사람을 점점 더 지치게 만든다.

아이들은 이어폰을 끼고 신나는 음악을 들으며 지친 발걸음에 활력을 불어넣는다. 에쿠! 나는 뭘로 에너지를 끌어올려야 무거워진 발걸음을 가볍게 만들 수 있을까. 아무도 없는 끝없이 곧게 뻗은 카스티야의 수로와 평행으로 난 길을 따라 그저 터벅터벅 걷는다.

걸음이 빠른 아이들은 벌써 내 시야에서 사라진 지 오래다. 내 뒤로는 순례자가 한 명도 없다. 농부도 안 보인다. 정말이지 나 혼자다. 외롭고 고독함이 흠뻑 밀려옴을 느낀다.

현재 30㎞를 넘게 걷는 중이다. 몸이 힘드니 별생각이 다 든다. 스페인 사람들은 한낮의 더위를 피해 한창 시에스타를 즐기고 있을 무렵 난 이 시간에 내 돈을 써가며 이 고행길을 걷고 있다는 게 한심하고 미친 일이라는 그런 생각들 말이다. 오늘따라 호흡은 자꾸 흐트러지고 화가 밀려온다. 이내 속으로 이런 생각이 올라온다. '괜히 더 걷자고 했나. 왜 그랬지. 내가 잠시 미쳤었나 보다.'

별 의미 없는 생각들을 떠올리며 나 자신을 힘들게 하고 있다. 파울로 코엘료는 그의 책 『순례자』에서 사람들이 스스로에게 얼마나 잔인해지는가를 알기 위해서는 죄의식, 자책감, 우유부단함, 비겁함 같은 정신적인 고통이 나타날 때 그것을 육체적인 고통으로 변화시켜 보면 알 수 있다고 했다. 지금 내가 나에게 던지고 있는 말들이 주는 정신적인 고통을 육체적인 고통으로 변화시킨다면 어느 정도의 고통일까?

사람들은 손가락이 가시에 찔려 조금만 피가 나도 아파서 고통을 호소한다. 약도 바르고 반창고도 붙이고 상처 치료에 열심이다. 그러나 마음에 상처가 날 때는 그 고통의 정도를 알기나 할까?

나는 나와 다른 사람에게 마음의 상처를 얼마나 주며 살아왔을까. 지금 나를 자책하는 내 마음은 어느 정도의 상처를 입었을까. 나는 나를 비난하는 말들을 몰아내기 위해 멈추어 서서 생각의 방향을 바꾼다.

오후 4시, 출발할 때 앞으로 길게 보이던 그림자가 등 뒤로 보이는 시각에 프로미스타에 도착했다. 시설이 좋은 사설 알베르게는 벌써 만원이란다. 평판이 좋지 않은 산 마르틴(San Martin) 성당 앞에 있는 공립 알베르게도 침대 1층에는 자리가 없고 2층 자리만 남았다며 나에게도 2층 침대를 배정해 주겠다고 한다.

나는 지금까지 알베르게를 이용하면서 2층을 사용해 본 적이 없다. 오르내리기가 힘들 테니 나처럼 나이가 많거나 몸이 불편한 순례자들은 대부분 1층 침대를 배정해줬기 때문이다. 접수하기 전에 침대를 보니 2층으로 올라가는 사다리도 없고 침대 난간도 없어 도저히 자신이 없다. 결국 나는 옆에 있는 호스텔로 가기로 하고 주머니가 가벼운 아이들은 모두 그곳 공립 알베르게에서 머물기로 한다.

전화위복이라고 할까. 호스텔에는 욕조가 딸린 화장실과 나 혼자만 머물 수 있는 방이 있어 너무 좋다. 38유로의 비싼 방값이지만 힘든 하루를 보낸 나에게 주는 선물이다. 욕조 가득 뜨거운 물을 채워서 보름 만에 몸을 푹 담그니 행복하다. 오늘 하루 힘들었던 기억은 저만치 날아가고 없다. 내 옆방에는 한국 요리사 부부가 머무나 보다. 한국말이 들려온다. 한국의 모텔보다도 더 방음이 안 된다.

저녁을 먹기로 한 시간이 아직 멀어서 산 마르틴 성당을 둘러보러 나섰다. 지금껏 보아온 스페인의 화려하고 웅장한 성당과는 다르게 과묵하고 늠름함이 느껴지는 외부 모습이 친근감이 간다. 로

마네스크 양식으로 지어진 산 마르틴 성당 내부는 황금 장식으로 화려함을 자랑하는 대신 소박하게 꾸며져 있다. 둥근 지붕 아래 단정한 십자가는 마음을 편안하게 한다. 벽에 장식된 조그만 성모상이 흑인이다. 이곳 프로미스타의 산 마르틴 성당에서 소박한 아름다움에 젖어 한참을 기도하고 일어선다.

밤 10시만 되면 전체 소등하던 알베르게 대신 호스텔에 나 혼자 있다 보니, 밤 10시 반을 넘기고도 불을 켜고 일기를 쓰는 중이다. 침낭 대신 하얀 시트의 이불을 덮고 잠을 청한다. 참 좋다!

프로미스타 성당 프로미스타 성당 내부

프로미스타 가는 길

천국과 지옥은
내 마음속에 있다

 20㎞

프로미스타(Fromista) → 카리온 데 로스 콘데스(Carrion de los condes)

새벽 6시, 알람이 울리기도 전에 눈이 떠진다. 옆방 요리사 부부는 오늘 칼사디야 데 라 쿠에사(Calzadilla de la Cueza)까지 37㎞를 걸어갈 것이라고 한다. 카리온 데 로스 콘데스(Carrion de los condes)를 지나면 바로 나타나는 17㎞의 구간은 마을과 편의 시설이라곤 전혀 없는 푸른 밀밭과 자갈이 널려 있는 길이다. 그런데 그 길까지 하루 만에 37㎞를 걷겠다는 거다. 나는 어제 너무 무리해서 카리온 데 로스콘데스까지 20㎞만 걸어가겠다고 말했다.

초은과 한별도 힘들었나 보다. 발에 물집도 생겼다. 어제 저녁을 먹으면서 다들 오늘은 20㎞만 걸어서 카리온 데 로스 콘데스까지만 걷자고 이미 의견을 모았다.

37㎞가 만만치 않은 거리라 일찍 서둘러 출발하려는지 옆방 요

리사 부부가 소란스럽다. 6시 30분, 문 여는 소리가 난다. 무사히 잘 걸으라고 마음으로 빌어주고 나도 포근한 침대에서 몸을 일으켜 출발 준비를 한다. 평소 1시간 걸리는 출발 준비가 30분 만에 끝난다.

여러 명이 공동으로 시설들을 사용해야 하는 공립 알베르게가 아닌 혼자 쓰는 호스텔은 참 편하다. 이른 아침에 잠자는 순례자를 위해 침낭과 소지품들을 들고 나가 복도에서 짐 정리하던 걸 하지 않아도 되고 화장실과 세면실에서 줄 설 필요도 없다. 침낭도 안 개도 되고 남 눈치 안 보고 그 자리에서 옷 갈아입어도 되는 것까지 장점이 많다.

즐거운 출발 준비 시간이다. 아침 7시에 출발해서 포블라 시온 데 캄포스(Pobla cion de campos)에서 크루아상과 까페 콘 레체를 먹는다. 한국에서도 크루아상을 좋아했던 터라 스페인에서도 즐겨 먹게 된다.

때로는 하몽이 들어간 보카디요를 먹는데 거친 바게트빵에 입천장이 까져서 고통스러울 때도 있다. 그러다 보니 부드러운 크루아상이 내 아침 식사로 자주 선택을 받는다. 또, 다음 마을이 6㎞ 이내에 있다면 까페 콘 레체를 마시겠지만 그 이상의 거리를 가야 할 때는 물이나 주스로 대신한다. 카페인의 이뇨작용을 감당하기 힘들기 때문이다.

여자들은 화장실이 없는 곳에서 자연이 부를 때 여간 곤혹스럽지 않다. 남자들이 부러울 따름이다. 온 벌판이 그들의 화장실이

므로…….

아침을 먹고 다시 신발 끈을 조여 맨다. 직선으로 뻗어 있는 2차선 도로와 나란히 놓여 있는 보행자 도로 위를 즐겁게 걷는다.

차 소리밖에 들리지 않는 이 길이 지겹다는 사람들도 있다. 어떤 것이든 무엇이든 개인의 선택에 따라 좋고 나쁨이 결정된다면 나는 좋은 것으로 선택해야겠다는 생각을 한다. 결국 천국과 지옥은 내 마음속에 있다는 말이 맞다. 내가 선택하는 것이니까 이왕이면 천국으로…….

오늘은 20㎞, 대략 5시간 정도만 걸어도 된다. 그래서일까. 마음도 가볍고, 어젠 별다른 소음 없이 - 코 고는 소리, 침대 삐걱거리는 소리 없이 - 잠도 잘 자서 몸까지 가볍다. 발걸음은 더욱 가볍고 배낭의 무게도 전혀 부담되지 않는다.

12시쯤 오늘의 목적지 카리온 데 로스콘데스에 도착해서 아구스틴 수녀님들이 운영하는 성당 알베르게에서 머물기로 한다. 이 알베르게는 2013년 5월부터 한국의 까미노 친구들 연합과 연맹을 맺은 알베르게로 호스피탈레로(남자 자원봉사자. 여자 자원봉사자는 호스피탈레라)로 있는 한국인도 간혹 있다고 한다.[1]

접수를 기다리며 따뜻한 웰컴 차를 마시고 영어로 묻는 몇 가지 질문에 대답했다. 그다음에 알베르게 사용 방법과 저녁에 수녀님들이 준비하는 음악회에 대한 설명을 듣고 침대를 배정 받았다.

---

1) 이곳에서 봉사활동을 하고 싶은 사람은 네이버 카페 '까미노 친구들 연합'을 통해 연락하면 된다.

샤워를 하고 오늘 입은 옷과 양말을 빨아서 뒷마당 빨랫줄에 널어놓는다. 식당에는 무료로 제공되는 스프가 준비되어 있다. 한국의 시래깃국처럼 생겼다. 너무 맛있다. 오랜만에 먹어보는 한국의 맛이다. 뒤에 오는 순례자들을 위해 조금만 먹어야 하는데 너무 맛있어서 두 그릇을 먹는다.

한가롭게 의자에 앉아 바라보는 알베르게 뒷마당과 푸른 하늘 따뜻한 햇볕, 바람에 펄럭이는 빨래, 졸고 있는 고양이……. 모든 게 한가롭고 여유롭다. 내 인생도 이렇게 한가롭고 여유롭기를 빌어 본다.

호석이 구글에서 검색한 맛집이 있다며 점심은 그곳에서 먹자고

알베르게 앞 수녀님

한다. 오랜만에 제대로 된 테이블 세팅에 깨끗한 냅킨, 제복을 차려입고 서빙하는 종업원들이 있는 레스토랑에서 점심을 먹는다. 한별, 초은, 재국, 호석, 나 5명이 문어 요리, 오징어 튀김, 스테이크 양고기를 시켜서 나눠 먹는다. 다 맛있다.

순례 경비는 사람에 따라 다르겠지만 대략 1㎞에 1유로, 하루에 30유로 정도로 생각하면 된다. 그런데 오늘은 다들 지출이 좀 초과될 듯하다. 음식값을 5명이 나누니 1인당 20유로 가까운 금액이 나온다. 그래도 맛있게 먹었으니 가끔은 지친 자신에게 대접하는 날도 있어야 하는 거라고 생각한다.

카리온 데 로스 콘데스 초입의 순례자 동상

메세타에서의
원초적인 본능

 26.7㎞

순례 16일 차　　ㄴ. ㅋㅁ. 토요일

카리온 데 로스 콘데스 　→ 　테라디요스 데 템플라리오스
(Carrion de los Condes)　　(Terradillos de Templarios)

6시 기상, 짐을 챙겨 6시 40분에 1층으로 내려오니 모두들 무료로 나오는 아침 식사를 하고 있다. 계란과 야구르트, 빵과 따뜻한 스프가 너무 감동적이다. 순례자들에게 단돈 5유로에 이렇게 따뜻한 음식과 잠자리를 제공해 준 수녀님들과 자원봉사자들에게 감사함을 전한다. 이렇게 받았으니 '나도 언젠가 베푸는 삶을 살아야겠다'며 다짐해본다.

7시 10분 출발, 며칠째 아침이 점점 더 추워지는 것 같다. 내일이면 5월인데 오리털 잠바에 장갑까지 다들 챙겨입는다.

마을을 벗어날 때쯤 왼편으로 고색창연한 성당 건물이 보인다. 이 건물은 예전에 산 조리오(San Zolio)라는 수도원이었던 곳으로 지금은 스페인의 국영호텔인 파라도르(Parador)로 운영되고 있다. 스페인의 전 대통령인 프랑코는 그의 독재 시절 스페인을 관광도시로 만들겠다며 전국의 유서 깊은 성과 요새, 수도원, 병원, 궁전 등을 파라도르(호텔)로 개조했다.

그때 100여 개의 국영 호텔을 만들었는데, 이 국영호텔을 '파라도르'라고 부른다. 옛 수도원을 개조해서 호텔로 만든 곳이 몇 곳 있는데 그중 2개가 까미노 프랑스길에 있다고 한다. 최고는 레온에 있는 별 5개짜리 산마르코스(San Marcos) 수도원 파라도르이고 그다음은 카리온 데 로스 콘데스에 있는 별 3개짜리 산 조리오 수도원 파라도르다.

한국에서 까미노 정보를 검색했을 때 레온의 5성급 호텔이 수도원을 개조해서 만든 파라도르라는 걸 알게 됐다. 그래서 레온까지 무사히 잘 걸으면 고생한 나에게 상을 주기 위해 비싸지만 멋진 레온의 파라도르에 머물겠다고 계획했었다. 레온 도착 날짜가 언제가 될지 몰라 예약은 하지 않았지만 레온에 도착해서 찾아가 보면 될 거라는 생각이다.

아침은 든든하게 먹었고 쌀쌀한 날씨에 몸이 움츠러 들지만 해가 뜨고 걷다 보면 따뜻해진다. 내가 제일 걱정하는 건 화장실이다. 오늘 지나가는 무인지대 17㎞만 잘 걸으면 목적지에 무난히 도착할 것이다. 물은 최소한으로 마셔야겠다. 바가 없으니 화장실도 없다. 많은 순례자들이 길을 걷고 있다. 오늘도 아이들은 저만치 앞서가고 다른 순례자들도 나를 스쳐 지나간다. 내 걸음이 그만큼 느리다는 거다.

들판의 끝과 하늘이 맞닿은 길을 걸은지 한 시간 반쯤 지났을까. 맛있다고 스프를 너무 많이 먹은 탓일까 화장실에 가고 싶다. 양옆으로 키 작은 나무들과 덤불만 보인다. 듬성듬성한 덤불들 안에 들어가 앉으면 분명 지나가는 사람들이 다 볼 것이다. 곤혹스럽다. 앞뒤로 순례자가 안 보일 때까지 기다려 덤불 속에서 볼일을 보고나니 마음의 평화가 찾아온다. 오죽하면 초은은 까미노 걸으면서 화장실 가기가 힘들어서 커피를 안 마신다고 한다.

가도 가도 끝없는 밀밭길. 허허벌판 한가운데에 컨테이너 박스로 된 간이매점이 있다. 간단한 샌드위치나 음료수를 팔고 있다. 거기서 아이들이 쉬고 있길래 나도 샌드위치랑 까페 콘 레체를 5유로 주고 시켰다. 급하기 전에 미리 화장실도 가둘 생각으로 화장실이 어디 있냐고 물었더니 없단다. 온 들판이 화장실이란다. 누가 그걸 모르나. 그건 남자들 이야기지. 물도 자제해야 하는 이 길에서 화장실도 없는 매점이라니 5유로가 아깝다. 결국 까페 콘 레체를 다 남긴다. 커피의 이뇨작용을 감당할 수 없으므로. 없다는 것은 더 간절함을 남긴다. 쉬는 시간까지 넉넉잡아 5시간은 걸어야 한다. 그래서 소변을 봤어도 간단한 가릴 것이 보이면 저곳에서 소변을 볼 수 있을지 머리를 굴리게 된다.

삶의 의미를 운운하던 나보다 생리 현상에 전전긍긍하는 내가 더 인간적인가? 화장실 걱정만 없다면 이 아름다운 밀밭길과 맞닿

은 하늘을 더 행복하게 감상할 수 있을 텐데. 이 길에서 나의 화두는 원초적 본능이다.

아침에는 춥다가도 해가 나고 걷다 보면 약간씩 땀이 난다. 여름에 이 길을 걸을 때는 쉴 그늘도 없고 더위와 목마름에 무척 힘들다고 하는데 오늘은 걷기 좋을 만큼 시원한 날씨다.

17㎞의 끝자락에 있는 칼사디야 데 라 쿠에사(Calzadilla de la Cueza)에서 점심 겸 간식을 먹고 오후 3시쯤 오늘의 최종 목적지인 테라디요스 데 템플라리오스 도착했다.

오늘은 땀을 많이 흘리지는 않았지만 먼지를 털어내기 위해 샤워장으로 향한다. 샤워장 안으로 들어서는 순간 흰 팬티 한 장만 달랑 걸치고 세면도구를 든 채 나타난 중년의 서양 아저씨 때문에 당황했다.

서양 사람들은 샤워장에서 속옷 차림으로 다니는 것을 흉이라고 생각하지 않는다. 도리어 샤워장에서 기다리는 사람들 생각은 않고 샤워 부스 안에서 겉옷까지 옷을 입고 벗고 하는데 많은 시간을 허비하는 동양 사람들이 못마땅하단다. 생각의 차이, 문화의 차이다. 혼타나스 이후 만나던 차아저씨는 싱글룸이 없다며 호스텔이 있는 큰 도시인 사아군(Sahagun)까지 택시를 타고 가서 자고 내일 다시 이곳으로 돌아와서 걷겠다고 한다. 그는 본인이 코를 많이 골아서 다른 사람들에게 피해를 준다며 항상 싱글룸에 묵는다.

알베르게 스태프에게 부탁해서 택시를 불러 놓고 올 때까지 다들 모여 맥주를 한 잔씩 한다. 초반에는 스페인에 왔으니 와인을 마셔야 된다며 매일 저녁 와인을 마셨는데 어느새 맥주를 더 많이 마시는 것 같다.

오늘 오후는 많이 춥다. 갑자기 기온이 뚝 떨어졌다. 시원해야될 맥주가 춥다는 느낌이 든다. 차아저씨가 내일 만나자는 말을 남기고 택시를 타고 떠난다.

17km 메세타 지역

메세타를 지나서 보이는 교차로

아이들은 차아저씨를 두고 서로 내기를 한다.

하나, 내일 차아저씨가 여기로 되돌아와서 계속 걷는다. 이유는 지금껏 빠지지 않고 다 걸어온 길이 아까워서 되돌아와서 걷는다.

둘, 아니다. 택시 탄 김에 레온까지 갔을 것이다. 이유는 무릎이 아파서 다리를 절며 다니시니까 택시의 유혹을 이기지 못하고 레온까지 갈 것이다.

편안함의 유혹은 엄청난 것이다. 이런 상황이면 나는 어떤 선택을 할까? 까미노길의 완주를 원하는 나는 다시 돌아와서 걸을 것이다에 1표.

나를
몰아붙이지 않기

 30㎞ ● ─── 순례 17일 차 5. 1. 일요일

테라디오스 데 템플라리오스 → 엘 부르고 라네로
(Terradillos de Templarios)   (El Burgo Ranero)

어젯밤 기온이 영하 2도까지 떨어졌다고 하더니 오늘 아침은 더 춥다. 3㎞를 걸어 모라티노스(Moratinos)에서 아침을 먹고 추워서 종 종걸음을 친다. 조금만 참으면 한낮의 햇볕으로 걷기에 좋은 기온이 될 것을 알기 때문에 체온을 올리기 위해 열심히 걷는다. 12㎞ 지점 에 있는 사아군(Sahagun)은 큰 도시이고 역사적인 유적지도 많다고 하지만 오늘은 갈 길이 머니까 구경하지 않고 지나가기로 한다.

사아군에는 이슬람 양식인 무데하르 양식의 벽돌 성당이 있다. 문이 잠겨 있어서 외벽만 구경하고 사아군 시내에서 간식과 맥주 한 잔으로 아쉬움을 달랜다.

사아군을 벗어나 베르시아노스(Berecianos)를 앞두고 특별한 행렬과 마주쳤다. 성당으로 향하는 성모상과 십자가, 그리고 큰 깃발을 든 사람들 사이에 흰색 사제복을 입은 신부님과 많은 마을 사람들이 조금 전 내가 기도하고 나왔던 성당으로 향하고 있다. 어떤 내용의 행사인지는 모르겠지만 많은 마을 사람들이 참여하는 듯 행진하는 줄이 꽤 길다.

다리도 쉴 겸 베르시아노스에서 늦은 점심을 먹기로 한다. 일요일인 데다 마을의 행사가 있어서인지 레스토랑이 마을 주민들로 붐비고 있다.

메뉴판을 보다가 혼타나스에서 먹었던 모르시야(한국의 순대)가 생각난 호석은 모르시야를 시킨다. 근데 우리가 기대했던 것처럼 동그랗게 소세지처럼 생긴 것이 아니다. 된장과 고추장을 섞으면 딱 이런 모양일 것 같은 요리가 나왔다.

몇 번을 물어봐도 모르시야가 맞단다. 비주얼에 겁먹어 다들 손도 안대는데 호석은 잘 먹는다. 의외로 맛이 있다면서 먹는다.

사아군에서 다리쉼을 너무 오래 했나 보다. 베르시아노스에서 점심을 먹고 길을 나서니 4시가 다 되어 간다. 아직 8㎞를 더 가야 오늘의 목적지 엘 부르고 라네로(El Burgo Ranero)인데 앞뒤로 순례자들이 한 명도 없다. 슬그머니 걱정이 되어 발걸음이 빨라진다. 내 머리는 무조건 빨리 걸어야 한다며 내 다리를 혹사시킨다.

'넌 빨리 걸어야 낙오하지 않아', '황량한 들판에서 고난을 겪지 않으려면, 뜨거운 태양에 덜 힘들려면 속도를 올려' 머릿속의 생각들은 황당하리 만치 뒤죽박죽인 메시지를 던지고 있다.

| 스페인 순대 모르시야 | 사아군 맨홀 뚜껑 | 도로표지판 |

　어느 정도 걷고 나자 다리가 힘들다고 아우성이다. 내가 또 나를 몰아붙이는구나 싶다. 아무도 없는 길에서 좀 고독하면 어떤가. 늦게 도착하면 어떤가. 설사 숙소가 없을지라도 프로미스타에서처럼 또 호사를 누릴 수 있을지 누가 알겠는가. 그런 생각을 하니 땅만 보던 눈이 하늘도 보고 나무도 본다. 천천히 걷자. 바쁠 것도 없는 까미노. 생각 하나에 모든 행동들이 바뀌어버린다. 천천히 또 천천히. 나에게 무리한 요구를 하지 않기로 한다.

　5시가 지나서 엘 부르고 라네로에 도착했다. 전통 건축 방식대로 벽돌에 밀짚을 섞어 멋지게 지었다는 공립 알베르게에 찾아갔지만 이미 만원이란다. 당황하고 있는 우리 일행에게 네덜란드 할아버지가 건너편의 알베르게를 알려준다. 역시 몇 번 까미노를 걸으신 분이라 알베르게 위치를 잘 알고 계신다.

　늦은 시간이라 빨래를 말릴 수 없어 난방이 되는 라디에이터 위에 옷을 널어 놓는다. 내일 아침까지 다 마르지 않으면 배낭 뒤에 옷핀으로 매달고 걸으면서 말려야 될 것 같다. 순례자 메뉴의 저녁과 맥주 한 잔으로 긴 하루를 마무리한다.

성모상을 든 베르시아노스 주민들과 신부님의 행렬

도로를 따라 있는 순례길

사아군 성당 외벽

가족에 대한 단상

 24.7km 순례 18일 차 5. 2. 월요일

엘 부르고 라네로(El Burgo Ranero) → 푸엔테 데 비야렌테(Puente de Villarente)

대도시 레온까지 남은 거리는 37㎞. 일부 순례자들은 하루에 37㎞를 걸어서 레온으로 가기도 한다. 생 장 피에 드 포트에서 400㎞ 가까이 걸어온 것이라 다들 걷기가 익숙해질 때쯤이라 대도시인 레온에서 이틀을 머물기 위해 무리해서 걷는 것이다.

나도 처음엔 레온에서 이틀을 머물 계획이었지만 초은, 한별이 부르고스에서 이틀 머물렀더니 둘째 날은 몸이 더 피곤하다며 짧게라도 매일 걷는 것이 훨씬 낫다고 했다. 그래서 24.7㎞를 걸어 푸엔테 데 비야렌테(Puente de Villarente)에서 1박을 하고 그 다음 날 13㎞를 걸어 10시쯤 레온에 도착한 뒤 시내구경을 느긋하게 하고 그 다음 날 바로 떠나기로 서로 의견을 맞춘다.

며칠 동안 추웠던 날씨가 풀렸는지 오늘 아침은 날씨가 따뜻하다. 이러면 한낮이 더울 텐데……. 마을 안에서 까미노 화살표 찾기가 쉽지 않아 어림짐작으로 까미노길을 생각하고 걷다 보니 반대 방향으로 가고 있었다. 순례자가 한 명도 보이지 않는다.

당연히 모든 순례자는 앞으로 갔을 테고 뒷마을에서 출발하는 순례자는 도착 시간이 되려면 멀었다. 혼자서 우왕좌왕 휴대폰의 맵스 미를 켜고 방향을 잡아 보지만 길 찾기가 만만치 않다.

어제 도착한 마을 입구까지 가서야 노란 화살표를 찾아서 되돌아온다.

나보다 늦게 출발한 초은이 저만치 앞서가고 있다. 내가 아이들보다 먼저 다음 마을에 도착해서 폼나게 까페 콘 레체를 마시려고 했는데 아쉽다. 인터넷이 되어서 구글 맵만 작동되었어도 이렇게 헤매진 않았을 텐데. 레온에 도착하면 스페인 유심칩을 사야겠다. 인터넷을 언제든지 사용할 수 있고 구글번역기와 여러 가지 정보들을 수시로 검색할 수 있게 진즉에 유심을 장착할 걸 후회가 된다. 아침은 12.8km 걸어서 레리에고스(Reliegos)에서 먹기로 한다.

레리에고스 전에는 편의 시설이 없어 배낭에 넣어둔 비상식량이나 스페인 사탕을 먹으며 걷는다. 36L짜리 오스프리 배낭의 허리띠가 커서 골반에 걸리지 않고 흘러내린다. 배낭의 벨트를 최대한 조여도 더 이상 조일 곳이 없다. 한국에서 출발할 때만 해도 몸무게가 늘어 있었는데 장시간의 도보에 의해 강제 다이어트가 되었나 보다. 결국 허리로 짊어져야 할 배낭이 걸리지 않으니 어깨가 하중을 받아 아프다. 오르막길과 내리막길이 아닌 곳에서는 등산용 스틱을 배낭 아래에 받치고 걷기도 한다.

아침에 따뜻하더니 오후 한낮의 햇살이 뜨겁다. 내리쬐는 태양열에 옆을 달리는 차 소리가 가세해 고통스럽다.

한국에 있는 남편과 오랜만에 통화를 한다. 가족들이 잘 지내고 있으니 다행이다. 나에게 가족이란 어떤 존재인가? 모든 사람들에겐 가족이 있다. 예수님, 부처님도 가족이 있으시다. 내가 원하든 원치 않든 태어나는 순간 2명 이상의 가족이 주어지고 결혼을 하게 되면 새로운 가족들이 형성된다.

모든 사람들이 원하는 가족상은 훌륭한 아버지와 가족을 사랑으로 지원하는 어머니, 자랑스러운 자식들이다. 이는 곧, 서로의 마음의 상처를 보듬어 주는 사이, 맛있는 것을 나누어 먹으면서 함께하는 사이, 서로 사랑하는 사이다.

우리 가족은 이 명제에 얼마만큼 부합할까? 과연 나는 우리 가족을 위해 내 역할들을 잘 해내고 있는가. 누군가에게 닦달하거나 끝없는 희생을 강요하지는 않았는지 생각들이 듬성듬성 떠오른다.

이제 24㎞는 가뿐하다. 걷기 시작해서 2시간이 지나면 여전히 발바닥은 아프지만 물집 안 생기고 잘 견뎌주는 내 발이 고맙기만 하다. 까미노 초반에는 물집이 잡힐까 걱정이 되어 쉴 때마다 신발과 양말을 벗고 통풍도 시키고 바셀린도 바르며 유난을 떨었는데 이제 그러지 않는다. 왼쪽 무릎이 아파서 한국에서 가져온 테이핑을 하고 걸었지만 그마저도 다 써서 없다. 그냥 다닌다.

내가 견딜만한 고통은 나에게 생각의 기회를 제공한다. 잘난 체

하는 마음, 급해지는 마음을 가라앉히기도 한다. 이건 자학적인 발
상인가?

오후 2시 푸엔테 데 비야렌테의 사설 알베르게에 짐을 푼다. 이
알베르게는 예전에 마구간이었던 곳을 개조해서 만들었다고 한다.
리셉션의 장식은 고풍스럽고 복도를 통해 들어가는 방에는 문이
없다. 복도 끝에 샤워실과 화장실이 있다. 화창한 날씨에 처음으로
침낭을 펼쳐 잔디밭 위에 있는 빨래줄에 널고 맥주 한잔을 마신
다. 알베르게 옆에는 아직 말과 마구간이 있어 그런지 냄새가 난
다. 그래서 잔디밭이 넓고 예쁜데도 느낌이 좋지만은 않다.

많은 순례자들이 레온까지 걸어가므로 이 알베르게에는 순례자

들이 별로 없다. 56명 정원인
알베르게에 우리 일행 5명을
포함해서 15명 정도 머무는
듯했다. 그중 한국 사람은 우
리 5명뿐이다.

한밤중 화장실에 가기 위해
복도를 따라가다 보면 문이
없는 불 꺼진 방들에 침대만
덩그러니 놓여 있어 괴기스럽
고 오싹해서 무섭기까지 하
다. 이렇게 썰렁한 알베르게
는 처음이다.

대도시 레온에서
관광객으로 하루 살아보기

13㎞

순례 19일 차   5. 3. 화요일

푸엔테 데 빌라렌테(Puente de Villarente) → 레온(Leon)

연휴가 끝난 스페인의 아침. 이른 시간이라 순례자 외에는 사람이 안 보인다. 하긴 아침 7시에 유럽 사람들이 출근할 일은 없을 테니까. 오늘은 가뿐하게 13㎞만 걸으면 된다. 모두 레온의 알베르게에서 만나기로 하고 출발한다.

레온은 로마 제국 시절 번창한 도시로 스페인 북부 지역의 금과 구리, 곡물과 와인을 로마로 가져가기 위해 로마 제7군단이 주둔하면서 형성된 도시다.

레온은 사자의 라이언(Leion)과 로마 7군단이 거주한 곳이라 군단이라는 뜻의 레기온(Legion)에서 'gi'가 생략되어 지금의 지명이 되었다는 설이 있다.

레온은 대도시이며 현지인들의 생활 터전이다. 도시는 활기차고 높은 빌딩과 다양한 문화 시설들이 눈길을 사로잡는다. 레온 알베르게를 찾아가는 길, 양옆으로 늘어선 예쁜 가게들에 진열된 물건들이 손짓을 한다. 배낭을 둘러메고 지팡이를 짚었는데도 눈은 양옆으로 쉴새 없이 돌아간다. 본능에 충실한 나. 언제쯤 나는 이러한 물욕을 완전히 내려놓을 수 있을까?

애초에는 레온에 도착하면 호텔인 파르도르에 묵을 계획이었지만 아이들과 정이 들어 베네딕트 수녀원에서 운영하는 까르바하라스(Carbajalas) 알베르게에 묵기로 했다. 좀 아쉽긴 했다.

레온 초입에 있는 성당에서 크레덴시알에 도장을 받으면서 재국을 만나 같이 알베르게에 도착하니 10시 40분이었다. 호석, 초은, 한별은 배낭만 줄 세워 놓고 시내 구경을 갔는지 보이질 않는다.

알베르게는 11시부터 오픈이라 아직 문이 잠겨 있다. 기다려서 들어갔는데 19일 동안 거쳐온 알베르게 중 유일하게 남자와 여자 방이 구분되어 있었다. 남자들은 위에 있는 방, 여자들은 아래층에 있는 방이다. 남녀 혼숙에 익숙해졌는데 방을 따로 구분해서 주니 새삼 이산가족 같은 느낌이 든다. 호석과 재국의 보이지 않는 배려에 익숙해졌고 든든했는데…….

여자 방에 짐을 정리하고 샤워를 한다. 그때 오른쪽 어깨가 가려워 봤더니 어깨와 목에 합쳐서 일곱 군데가 빨갛게 부풀어 올랐다. 벌레에 물렸나 보다. 까미노를 걷고 어제 처음으로 침낭을 햇볕에 소독한다며 널어뒀는데 그게 풀밭에 떨어졌었다. 그때 벌레가 침낭 속으로 들어갔나 보다. 덴마크에서 온 약사 칼스백이 보더니 침대 벌레에 물린 자국은 아니라고 한다. 다행이다.

내가 물린 자국은 여기저기 일정하지 않다. 침대 벌레였다면 일자로 바느질을 한 것처럼 나란히 물렸을 것이란다. 만약 침대 벌레가 있는 거라면 모든 짐을 소독해야 할 뿐만 아니라 알베르게에도 비상이 걸린다. 침대 벌레는 번식이 빨라 순식간에 모든 침대로 퍼져 알베르게를 폐쇄하기도 한단다. 침대 벌레에 물린 곳이 심하게 가려워서 순례길을 포기하는 사람도 있다고 한다. 그게 아니라서 다행이었다.

오늘은 호석의 생일이라 점심은 근사한 레스토랑에서 관광객처럼 먹기로 하고 길을 나선다. 앗! 노천 카페에서 쉬고 있는 차아저씨를 만났다. 테라디요스에서 헤어진 후 3일 만에 만나는 것이다. 지금 레온에서 이틀째 머물고 있단다. 역시 되돌아오지 않고 그냥 앞으로 가셨구나. 그럼 어떤가. 다양한 사람들의 다양한 까미노길이 있는데.

오늘은 호석의 생일이다. 선물로 제일 가벼운 걸 주겠다며 현금 20유로를 줬다. 순례길에는 그 어떤 것도 무게가 있는 건 부담스럽다. 우리는 아직 10일 이상을 더 걸어가야 한다.

호석아 생일 축하해. 나의 수호천사.

호석은 종교가 없다. 나는 카톨릭으로 세례 받은 지 아직 1년도 안 되었다. 내 세례명이 유스티나라고 했더니 자기도 나처럼 세례명을 갖고 싶다고 한다. 언젠가 종교를 갖게 될 수도 있으니 가톨릭 성인인 성 야곱의 길을 걷는 김에 둘이서 머리를 맞대고 의논을 한다. 호석의 직업이 재활 트레이너니까 병자들의 수호천사인 라파엘을 추천해 본다. 본인도 그 이름으로 하고 싶다고 한다. 언젠가 가톨릭 신자가 되길 바라며 호석을 라파엘로 부르기로 했다.

역시 레온은 물가가 비싸다. 메뉴판의 가격표를 보니 5명의 가난한 순례자가 먹기에는 너무 비싼 것뿐이다. 그래도 호석의 생일이라 와인까지 곁들여 근사한 점심을 먹었다.

그리고 보다폰 매장에서 스페인 유심칩 2기가를 15유로에 샀다. 이제 인터넷을 쓰기 위해 바나 레스토랑, 숙소에서 와이파이 비밀번호를 누르지 않아도 된다. 아이들과 길이 엇갈려도, 숙소를 찾지 못해 헤맬 때도 전화를 하면 연락이 되고, 구글 맵과 구글 번역기도 아무 때나 작동시킬 수 있다.

레온 대성당 스테인드 글라스

레온 대성당

레온 대성당 앞에서 한별이 "신부 오빠~"하면서 두 명의 젊은 남자에게로 뛰어간다. 한별과 초은이 부르고스 전까지 함께 걷던 한국의 젊은 신부님들이라고 한다. 처음엔 신분을 밝히지 않아서 오빠라고 불렀는데 나중에 신부인 걸 알게 되어서 '신부 오빠'가 되었나 보다. 호칭 참 재미있다.

레온 대성당 목판화

오후에는 각자 알아서 놀기로 해서 나는 제일 먼저 레온 대성당으로 향한다. 지난번 부르고스에서 성당 입장 시간을 놓쳤던 게 아쉬워서 이번 레온 대성당만은 놓치지 않겠노라 다짐하며 일찍 서두른다.

순례자를 위해 기도해 주시고 크레덴시알에 도장을 찍어 주시는 산 이시도르 성당의 신부님

산 이시도르 성당 내부

레온 대성당은 13세기 프랑스 건축가가 설계했으며 100년 동안 지었다고 한다. 역시 스페인 성당은 화려하고 규모 면에서 사람을 압도한다. 성당 건물은 부르고스 성당과 같은 고딕 양식이다. 햇볕에 반짝이는 하얀 대리석과 섬세한 조각들이 경이롭다. 내부는 아름답게 색색으로 수놓아진 스테인드글라스가 햇볕을 받아 색깔의 향연을 펼친다. 중앙 나무 의자 등받이에는 수많은 주교들과 왕들의 모습이 새겨져 있다. 아는 만큼 보인다고 그 많은 사람들의 목판이 어떤 사연이 있는지 알지 못하니 한 바퀴 빙 돌아보자 구경이 끝났다.

레온 대성당에서 나와 산 이시도르(San Isidor) 성당으로 발길을 옮긴다. 산 이시도르 성당은 입장료가 없고 바로 옆에 있는 박물관은 입장료가 있다. 굳이 입장료까지 내면서 볼 의향은 없어서 성당만 둘러 보기로 한다.

이시도르 성당은 프로미스타의 산 마르틴 성당과 함께 로마네스크 양식의 대표작이다. 레온 성당의 화려함과는 대조적으로 과묵함과 늠름함이 느껴지는 성당이다.

한나절 혼자서 하는 관광이 좀 쓸쓸하다. 까미노가 끝나면 나혼자 15일 동안 여행을 할텐데 그때도 외롭고 심심할까?

산 이시도르 성당에서 저녁 미사를 드리고 크레덴시알에 도장을 받으러 갔더니 그곳 성당의 노신부님께서 나와 2명의 외국인 순례자를 특별히 사무실로 불러서 축복기도를 해 주신다.

알베르게로 돌아와 샤
위실을 지나는데 의자 위
에 왠지 익숙한 등산 바
지가 보인다. 가까이 가서
보니 내 바지다. 오전에
샤워하고 벗어두고는 안
챙겨서 하루 종일 그곳에
있었나 보다. 바지 주머니
속에는 20유로 지폐와 잔
돈들이 그대로 들어 있
다. 역시 순례자들은 서
로를 배려하고 남의 물건
에는 손도 대지 않는다.

산 마르코스 수도원 파라도르(호텔)

까미노 순례길에서
무리하지 않기

 35.2km

순례 22일 차   5. 4. 수요일

레온(Leon) → 푸엔테 이 호스피탈 오르비고(Puente y Hospital Orbigo)

　35.2㎞ 지점에 있는 푸엔테 호스피탈 오르비고의 알베르게에서 만나자고 재국이 맵스 미에 표시를 해준다. 재국은 항상 내가 힘들까 봐 이것저것 먼저 챙겨준다.

　화려한 대도시를 뒤로 하고 다시 순례길에 오른다. 내가 알베르게에서 먼저 출발했지만 어느새 아이들이 뒤따라왔다. 하루쯤 묵고 싶었던 산 마르코 파라도르(호텔) 앞 광장의 순례자 동상에서 기념사진을 찍고 대도시 레온을 벗어난다.

　오늘도 태양은 이글이글. 스페인의 건조한 바람과 태양은 사람도 빨래처럼 바싹 말려준다.

　한국에서 출발할 때는 혼자였다. 그러나 까미노길은 혼자 걷지만 혼자가 아닌 길이다. 일정이 비슷하고 서로 의견이 맞는 사람끼리 함께 걷게 된다. 우리 인생도 까미노에서처럼 함께 걸으며 서로 웃어주고 응원해주면 좀 더 행복한 삶을 살 수 있을 것 같다. 오후에 알베르게에 도착하면 내가 아는 사람들이 있고 한국말로 떠들 수 있다는 건 참 행복한 일이다. 날이 갈수록 매일 걷는 거리가 늘어나고 있다.

그렇지만 35㎞의 거리는 역시 만만치 않다. 레온에서 한나절 쉬었다지만 계속 걸어 다니며 관광을 했으니 피곤하긴 마찬가지다. 차도를 따라 걷는 길은 차량 통행이 많아서 힘듦이 배가된다. 자동차의 소음으로 걷기 명상 또한 힘들다.

오후 4시, 푸엔테 이 호스피탈 오르비고 마을에 들어선다. 마을로 들어가기 위해 건너야 하는 오르비오(Orbio)강 위에 있는 다리는 참 멋있다. 오르비고 다리는 13세기 경 만들어졌으며, 스페인에서 가장 길고 오래된 중세 시대 다리 중 하나다.

오르비고 다리

점심을 먹기 위해
레스토랑 앞에 벗어 둔 배낭

이 다리에도 전설이 있다. 1434년 레온의 기사 돈 수에르 데 키뇨네스는 아름다운 여인에게 사랑을 청했으나 거절당하여 자존심에 상처를 입었다. 그래서 이 다리를 지나는 기사들과 대결해서 한 달 동안 300개의 창을 부러뜨렸고 결투에서 진 모든 기사들은 산티아고로 순례길을 떠났다고 한다. 그제야 돈 수에르도 명예를 회복하여 산티아고로 순례를 떠났고 한 여인으로부터 받은 팔찌를 산티아고의 야고보 성인에게 바쳤다고 한다.

그 이후로 이 다리를 명예의 통로(Passo Honroso)라 부른다. 이 일을 기리기 위해 지금도 매년 6월에 이 마을 사람들이 중세시대 복장을 하고 축제를 벌인다고 한다. 세르반테스의 돈키호테도 이것을 모티브로 해서 쓰여졌다고 한다.

좀 씁쓸한 이야기이다. 구애에 거절당한 것과 결투가 무슨 상관인가. 죄없는 사람들에게 화풀이하는 횡포로 보인다. 내 마음이 꼬였나 이야기가 곱게 와 닿지 않는다. 과거의 실화에 후대 사람들이 각색을 했을 텐데 긴 시간을 전해 내려오면서 각자의 생각대로 각색되었겠지 싶다.

오르비고 다리 건너 성당 옆에 있는 알베르게에 도착하니 접수받는 분이 한국 남자분이다. 신기하다. 한국 사람도 가끔 자원 봉사자로 알베르게에서 봉사한다는 소리는 들었으나 직접 만나기는 처음이다.

그분은 신부님으로 까미노를 순례 중이신데 이곳 알베르게에서 자원봉사를 하고 있는 한국인 영희 씨로부터 일손이 부족하여 알베르게 운영에 어려움을 겪고 있다는 말을 전해 들었다고 한다. 그래서 잠시 순례길을 멈추고 며칠 봉사한 후 다시 순례길을 떠날 계획이라고 한다.

이곳 알베르게에서 봉사 중인 영희 씨도 몇 년 전 까미노길을 걷고 너무 좋아서 스페인으로 다시 어학연수를 왔단다. 그렇게 1년간 스페인어를 배운 뒤 까미노길을 또 걸으면서 카리온과 이곳 오르비고에서 얼마간 자원 봉사하는 중이라고 한다.

스페인어와 영어를 할 수 있으니 가능한 일이다. 나도 스페인이 너무 좋아서 살고 싶다고 말했더니 영희 씨 말은 스페인은 여행하기에는 멋지고 아름답고 환상적인 나라이지만 딱 거기까지라고 한다.

여행자에서 생활자로 머물러 살기에는 많이 힘든 나라라는 것이다. 한국의 관공서와 은행들은 약속 날짜도 잘 지키고 일 처리도 빨리 하는 데 반해, 스페인은 느려서 제날짜에 해결해 주는 경우가 거의 없다고 한다. 한국에서 1주일에 끝날 일들이 이곳에서는 한 달 이상이 소요되기도 한다고 말한다. 역시 정확하고 빠른 일 처리는 한국이 최고란다.

순례 중 와인과 맥주를 매일 마신 데다, 무거운 배낭을 매고 장시간 걸었더니 피로가 누적되어 몸이 고장이 났다. 30년 전에 수술했던 치질이 말썽이다. 통증이 심해서 동네 약국을 찾아가 처방을 받기 위해 구글 번역기를 보여준다.

몽파르나스역에서처럼 현지인이 못 알아듣는 이상한 번역이 아니라 제대로 된 번역이 되었기를 기대한다. 다행히 여자 약사가 웃으면서 연고와 치질 전용 물휴지를 건넨다. 사용 방법과 주의사항을 잘 알아듣게 영어로 천천히 이야기해 줬다. 혼자서도 약을 잘 사서 신나고 즐겁다.

앞으로 지나게 될 철 십자가가 있는 '이라고산'은 해발 1,500m의 고지대다. 오르비고가 해발 800m이니 약 700m의 오르막을 올라야 한다. 그러니 아스토르가(Astorga)에서 멈추는 것보다 그곳을 지나 해발 950m인 엘 간소(El Ganso)까지 걷고 아침에 힘 있을 때 오르막 구간과 길고 험한 산길을 넘자고 한다. 나는 고민에 빠진다.

하루 더 쉰다고 치질이 나을 것 같지도 않고 모두와 헤어져 혼자 떨어지면 너무 외로울 것도 같고 아이들과도 정이 듬뿍 들어서 어쩌나 싶다.

남미 트레킹 후유증으로 무릎이 안 좋았던 재국도 요즘 부쩍 증상이 심해졌고 한별, 초은도 발에 물집이 잡혀 걷기 힘든 상황이라 아이들을 불러 의논을 한다.

내 짐과 재국의 짐, 한별, 초은의 짐을 각각 모아서 65L짜리 재국의 배낭에 모두 넣은 뒤 다음 마을까지 택배로 보내기로 한다. 그다음 내 배낭은 재국이 메고 나는 보조 배낭에 물과 간식거리와 우의만 넣고 매기로 의견을 모은다.

배낭 택배는 요금 봉투에 8유로를 넣고 아침에 출발할 때 접수대 앞에 가져다 두면 택배 회사 직원이 수거해서 내가 원하는 알베르게에 가져다준다. 주비리 이후로는 배낭을 직접 메고 다녀서 가방을 택배로 부치는 건 그 이후로 처음이다.

비록 배낭을 부치더라도 두 발로 걸어서 산티아고에 도착하고 싶다. 호석은 자신의 짐은 자기가 메고 끝까지 걷겠다며 조금도 덜어내지 않고 다 메고 가겠단다. 파이팅, 호석!

알베르게 정원에서 호석이 발에 물집 치료를 하고 있다. 소독한 바늘에 실을 꿰어 그 실을 물집에 통과시키면 그 실을 타고 물이 흘러 나오는 식이다. 징그럽다.

나와 재국만 물집이 안 생긴다. 재국의 신발은 등산화가 아닌 일반 운동화인데 그 신발을 신고도 잘 걷고 있다. 한국에서 출발하기 전에 신발은 어떤 걸 신고 가느냐고 질문하는 사람들이 많았는데 걷기에 자신이 있으면 운동화건 스포츠 샌들이건 다 좋다. 단 까미노길은 잔돌이 많고 비가 올 때가 있어서 방수가 되는 신발이 필요하다. 발이 젖으면 체온을 잃게 되므로 방수 신발은 필수인 것 같다.

레온에서 만났던 한국의 두 젊은 신부님도 오늘 이곳 알베르게로 오셨다. 두 분 신부님과 함께 7명이 저녁을 해 먹기로 의기투합, 마트에서 먹을거리를 산다. 혼자서는 절대 사 먹을 수 없는 큰 수박과 망고 삼겹살과 쌀까지. 오랜만에 흰 쌀밥과 삼겹살로 파티를 한다. 재국이 아껴온 고추장을 곁들인 한국식 음식을 먹고 나니 다들 행복한 얼굴이다.

잔디밭 야외 테이블에서 바라보는 저녁노을의 붉은 색깔이 곱고 선명해서 눈물 나게 아름답다. 사방이 고요한 새벽 2시 반, 마당에 있는 화장실로 가면서 올려다본 밤하늘 가득 별들이 촘촘히 박혀 있다. 머리 바로 위에서 초롱초롱 빛나는 스페인 시골의 북두칠성은 손에 잡힐 듯 가까이 내려와 있다.

| 호석의 물집 치료 | 배낭에 매단 택배 봉투 | 오르비고 알베르게 정원 |

까미노길에서 필요한 것은
친화력

푸엔테 이 호스피탈 오르비고(Puente y Hospital Orbigo) → **엘 간소**(El Ganso)

까미노 안내 책자에는 엘 간소에 알베르게가 두 곳이 있는데 그 중 시립 알베르게는 숙박비가 무료이고 18명이 이용할 수 있으나 화장실과 수도가 없다고 한다. 이런! 어떻게 화장실이 없는 숙소가 있단 말인가.

반면, 사설 알베르게는 아론(Aaron)이라는 사람이 운영하는 곳으로 화장실은 물론 아침 식사 포함 8유로에, 28명이 이용할 수 있단다. 결국 28등 안에 들어야 화장실이 있는 알베르게에서 숙박할 수 있다는 말이 된다.

이곳이 만원이면 다음 마을까지 가야 하기 때문에 사람을 긴장시킨다. 그럼 나같이 느린 사람은 부지런히 걸어야 한다. 다른 순례자들이 숙소가 많고 대도시인 아스토르가에 머물거나 엘 간소는 스쳐 지나가길 기도한다. 설마 엘 간소에 순례자들이 몰리진 않겠지……

엘 간소로 택배 보낼 배낭은 알베르게의 접수대 앞에 두고 7시 10분에 출발한다. 2㎞ 걸어서 비야레스 데 오르비고(Villares de Orbigo)에서 아침을 먹고 어제에 이어 오늘도 시끄러운 국도변을 따라 걷는다. 차량 통행이 많고 보행자 도로의 폭은 좁다.

산티바네즈 데 발데이글레시아스(Santibanez de valdeiglesias) 마을을 지나 완만한 언덕을 걸어가다 보니 저만치 앞에 순례자들이 모여서 과일을 먹고 있다. 익숙한 얼굴들이 보인다. 네덜란드 할아버지와 호석, 재국도 과일을 먹고 있다. 스페인 집시처럼 보이는 남자가 무료로 과일과 차를 순례자에게 제공하고 있다. 물론, 기부함 박스가 옆에 있다. 나도 시원하고 달콤한 스페인 수박 2조각을 먹고 1유료를 기부함 박스에 넣는다. 순례길에는 자그만 산길이나 공원 같은 곳에서 순례자에게 무료로 음식물을 제공하고 기부를 받는 곳들이 있다. 음식을 먹었을 때는 자그마한 성의 표시는 꼭 하는 게 좋은 것 같다.

아스토르가 마을이 눈앞에 보이는데도 한참을 걸어간다. 차량 통행도 많고 건물들도 많은 제법 큰 도시다. 아스토르가는 고대 켈트인들이 세운 도시로 로마 시대에 스페인 북부 일대에서 중요한 도시 중 한 곳이며, 세비야에서 출발하는 순례길인 '은의 길'과 생 장 피에 드 포트에서 출발하는 '프랑스길'이 합쳐지는 곳으로 수많은 순례자들과 관광객들로 붐비는 곳이다. 시청 앞 광장 역시 활기가 넘친다.

이곳 산타마리아 대성당에는 13세기에 만들어진 산 리기(San Lui-gui) 성경 원본이 보관되어 있다. 가우디가 설계한 주교 궁은 현재 까미노 박물관으로 사용하고 있다.

시청 앞 광장에서 오랜만에 피자와 콜라로 점심을 먹는다. 엘 간소에서 28명 안에 들어야 한다는 부담감 때문에 아스토르가 대성당과 박물관은 외부만 잠깐 들러 보고 순례자 스탬프만 받고 지나간다. 좀 아쉽다.

아스토르가를 지나면서 국도는 차들의 왕래가 거의 없는 조용한 산길로 변한다. 2차선 도로와 나란히 있는 보행자도로는 흙길이라 넓고 걷기에 좋다. 길옆으로 핀 야생화와 잡풀들이 눈도 시원하게 해준다.

어제 오르비고에서 만났던 한국 아저씨는 배낭의 짐이 무거워 산타 카타리나 데 소모사(Santa Catalina de Somoza)에서 머물 것이라 한다.

무거운 배낭이 없으니 걷는 속도가 더 빨라진다. 몸도 가볍다. 아스토르가를 지나면서 처음 만나는 프랑스인 부부가 앞서거니 뒤서거니 하며 같이 걷는다. 프랑스 말로 "안녕, 잘 가"를 가르쳐 준다. "오 흐 브와" 발음이 어렵다. 내가 힘들어하자 웃으면서 몇 번이고 가르쳐 준다. 소리를 낼 때 목에 가래를 받아 내듯이 소리를 내라고 한다.

오후가 되면서 날씨가 흐려진다. 쾌적하고 걷기 좋은 길이지만 완만한 오르막이 계속되니 속도는 점점 느려진다. 하지만 엘 간소에서 28명 안에 들어야 한다는 부담감으로 쉬지 않고 걷는다.

혼자서 열심히 산길을 오르는데 산길 옆에서 남자 순례자 2명이 불쑥 나타난다. 아니, 내가 걸어가는 길이 노란 화살표가 있는 까미노길인데 저 사람들은 어느 길로 온 거지? 우회도로가 있나? 의아해 하는 내 눈과 마주치자 한 명이 나에게로 다가와 말을 건다. 자신이 올라온 길은 또 다른 아름다운 까미노길이며, 자기는 캐나다 퀘벡에서 왔다며 직업은 침술사라고 한다. 오리엔탈 아큐펑처(Oriental Acupuncture)라고 발음을 한다. 의사냐고 물으니 의사는 아니란다. 자신은 침만 놓는다고 한다(알베르게에서 인터넷으로 찾아봤더니 캐나다 퀘벡주는 캐나다 최초로 중의학의 일부인 침술을 의학으로 인정해서 1986년부터 전문적인 훈련과 자격증 취득제도가 생겼단다).

아스토르가는 초콜릿이 유명한 곳이라고 나에게 초콜릿을 준다. 나는 28등에 사로잡혀 초콜릿 살 생각은 전혀 못하고 지나왔는데 캐나다 아저씨 덕분에 맛있는 초콜릿을 먹어봤다.

오후 3시가 다 되어 알베르게에 도착하니 먼저 온 신부님 2명과 아이들이 모두 도착해 있다. 나도 28등 안에 들었나 보다. 침대를 배정받고 짐을 푼다. 내 뒤로 길에서 봤던 프랑스인 부부, 퀘벡에서 온 침술사 일행도 접수대에 줄을 선다.

28명이 사용할 화장실이 딱 두 개다. 그것도 화장실 안에 샤워실이 있어 누군가 샤워 중이면 화장실을 사용할 수 없다. 단체 생활을 할 때는 서로에 대한 배려로 샤워실과 화장실 사용은 최대한 신속하게 사용하거나 되도록 사람들이 몰리지 않는 시간에 이용하는 것이 좋다.

오후가 되면서 날씨가 흐려지는 것이 빨래를 널어도 마를 것 같지가 않아서 5명의 옷을 모아 3유로를 주고 건조기를 이용했다. 길에서 만났던 한국 아줌마와 중학생 아들이 오후 4시가 넘은 시간에 알베르게로 들어온다. 숙소는 이미 만원이라 남은 침대가 없는데 어떻게 하나 모두 걱정을 하고 있는데 주인장 아론이 오더니 마을에 있는 작은 가게에 방이 있는데 알베르게는 아니지만 원한다면 그곳에서 잘 수 있다고 한다. 다행이다.

엄마랑 아들 둘 다 가냘픈 몸매라 배낭이 버거워 보였고 비가 올 것 같은 날씨라 다음 마을까지 가는 것은 무리였다. 5월은 학기 중일 텐데 어떻게 까미노에 왔냐고 물었더니 중학생 아들이 곧 외국으로 유학을 떠날 것이라 학교는 쉬고 있단다. 아들과 힘든 까미노를 걷는 대단한 엄마의 용기에 박수! 이렇게 힘든 길을 잘 따라가는 아들에게도 박수!

엘 간소는 조그만 시골 마을이라 상점이라고는 작은 가게 하나가 유일하다. 거기서 간식거리를 산다. 다들 스페인 컵라면을 사서 저녁이랑 아침에 먹을 것이라고 한다. 언제부터인가 다음날 점심에 먹을 샌드위치를 만들지 않고 있다.

나는 화장실을 이용하거나 다리쉼을 하려고 바나 레스토랑을 자주 이용하는데, 그러다 보니 굳이 샌드위치를 만들어 먹는 것보다 그 지방의 음식들을 사 먹어 보는 것도 좋은 경험이 될 것 같아서 사 먹고 있다. 스페인은 농업 국가이고 다양한 음식들과 요리방법이 있어서 음식들이 맛있다.

가게에서 중학생 엄마를 만났는데 스페인의 가정집은 잔디밭도 있고 분위기도 좋다고 한다. 내 마음도 기쁘다. 나는 순례길을 걸으면서 다음날 체력을 위해 저녁에는 항상 고기를 먹기로 했다.

마을 입구에 있는 레스토랑에 갔더니 허름한 식당에는 순박한 시골 아낙네의 모습을 한 주인이 있다. 말이 통하지 않아서 메뉴판에 프라이드 치킨 모습을 한 그림을 보고 시켰더니 한국의 프라이드 치킨이랑 맛이 똑같다. 오랜만에 먹어보는 프라이드 치킨이 맛있다.

숙소로 돌아오는 길에 비가 조금씩 내린다. 일기예보는 내일 비가 많이 올 것이라고 한다.

순례자들에게 과일과 차를
무료로 제공하는 노점

엘 간소 가는 길

가우디 작품 박물관

아스트로가 성당

철 십자가에서
소원 빌기

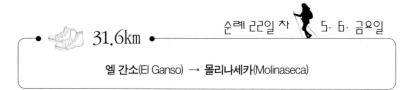

31.6km   순례 22일 차   5. 6. 금요일

엘 간소(El Ganso) → 몰리나세카(Molinaseca)

　밤새도록 지붕을 두드렸던 비가 아침에도 계속 내리고 있다. 알베르게에서 제공하는 아침은 부엌에 차려진 콘플레이크와 우유, 커피, 비스킷이 전부다. 아쉽게도 빵이 없다. 아침이라기엔 좀 부실하다.

　오늘은 해발 1,500m의 이라고산을 넘어야 하므로 배낭 1개는 몰리나세카(Molinaseca)로 택배 보내고 모두들 우의를 걸친다. 비가 오니 가지고 있는 옷을 다 껴입고도 으슬으슬 춥다.

　두 분 신부님들은 매일 순례길에 미사를 드리신다고 새벽 5시 기상, 6시에 출발하셨다. 6시면 캄캄한데 오늘처럼 비도 많이 오고 추운 날은 더욱 고생스러웠을 것이다.

　엘 간소를 나와서 완만하게 고도를 올리며 걷다 라바날 데 까미노(Rabanal del Camino)에서 다시 아침을 먹는다. 비가 오고 날이 추우니 빨리 허기가 진다.

우비를 뒤집어쓰니 움직임도 부자연스럽고 마음까지 가라앉아 마을을 구경할 의욕도 생기지 않는다. 그냥 땅만 보고 마냥 걷는다. 비는 세차게 내린다. 폰세바돈(Foncebadon)에 있는 바 앞에 호석과 아이들의 우의가 걸려 있다. 문을 열고 들어가니 벽난로에서 장작불이 활활 타고 있다. 5월이지만 고도가 높은 산 속이고 비가 오니 많이 추웠는데 참 좋다.

재국은 신발이 방수가 안 돼서 양말이 다 젖었나 보다. 신발을 벗고 말리는 중이다. 비에 젖어 시린 손은 감각이 없고 따뜻한 불 앞에 앉아 있으니 움직이기가 싫다. 오늘 목적지인 몰리나세카까지 반도 못 걸었는데 비가 오니 기분도 축축 처진다.

에너지를 올리기 위해 까페 콘 레체와 바나나 1개를 먹고 바를 나선다. 비가 와서 늑장을 부리면 산길에서 고생할 것 같아 마음이 바쁘다. 걸음이 느린 나는 조금만 쉬고 또 걷는다. 따뜻해진 몸에 문밖에 벗어둔 우의를 걸치니 머리가 쭈뼛 설 만큼 차갑다. 몸서리를 친다.

엘 간소에서 출발하던 날 아침

폰세바돈 바에서 비에 젖은 몸을 녹이는 중

빠른 걸음으로 걸어간다. 걷다 보면 몸에 열이 나면서 따뜻해질 것이다. 해발 1,500m의 이라고산 정상 철 십자가(La Cruz de Hierro)는 생 장 피에 드 포트에서 론세스바예스 갈 때 넘었던 피레네 산맥보다 높은 곳에 있다. 그곳에 도착하니 비가 조금 잦아들어 가랑비가 되어 내린다. 이곳 이라고산 정상은 옛날 켈트 족이 신에게 제사 지내던 곳이다. 로마 시대에는 교차로의 신인 머큐리신에게 제사 지내는 제단이 있었는데 훗날 수도자인 가우셀모(Gaucelmo)가 십자가로 대체했다고 한다. 1976년 지금의 십자가로 교체된 뒤 초기 철 십자가는 아스토르가에 있는 박물관에 보관되어 있다고 한다.

철 십자가 주위로 비닐 우의와 우산을 든 많은 사람들이 사진을 찍고 있다. 갑자기 어디서 이렇게 많은 사람들이 나타난 걸까? 폰세바돈에서 오는 길까지 아스팔트 포장 도로가 있는데 버스를 타고 오는 사람들도 있는 것 같다.

내가 도착해서 얼마 지나지 않아 관광객들은 가버리고 철 십자가 주위로 순례객 몇 명만 남았다. 갑자기 고요하다. 철 십자가 아래에는 순례자들이 각자의 고향에서 가져온 소원이 적힌 돌들이 놓여 있다. 나는 배낭이 무거워질 것 같아서 돌멩이 대신 남편과 백두대간 탈 때 만들었던 노란 깃발을 가지고 왔다. 함께 올 수 없는 남편을 생각하며 깃발을 철 십자가 기둥에 묶어두었다. 남편과 딸들의 소원을 적은 메모지는 돌무덤 아래에 묻었다. 그리고 기도하고 또 기도한다.

철 십자가에 소원 빌기

'하느님, 딱 이 길에서 느낀 행복만큼만 남은 제 인생이 행복할 수 있도록 해주세요.

까미노길 20일이 지나면서 많은 행복한 순간들이 제 마음의 근육을 키워 가고 있습니다.

제가 더 이상 의미 있는 행복을 찾지 못하고 방황 할 때 반짝이는 노란 화살표를 펼쳐 보여주세요.'

철 십자가 근처에는 비를 피할 수 있는 의자와 지붕이 있는 구조물이 있었다. 그 안에 철 십자가를 바라보며 눈물이 가득한 얼굴로 서 있는 외국인 부부가 보인다. 서로의 어깨에 기대 서 있는 저 두 사람은 어떤 가슴 아픈 사연이 있길래 저렇게 슬픈 얼굴을 하고 마냥 서 있을까. 내가 도착했을 때부터 떠나는 지금까지 미동도 없이 서 있다. '부디 그 아픔으로 자신에게 너무 상처 주지 않기를. 그 아픔이 심장에 꽂히는 비수의 아픔이 아니길. 그리고 행복하시길' 이렇게 빌어주며 떠난다.

조금 멈추었던 비가 다시 내리기 시작한다. 멀리 보이는 산에는 눈이 하얗게 쌓여 있다. '저곳은 얼마나 높은 산이기에 저렇게 눈이 녹지 않고 쌓여 있을까? 여름에는 녹을까?' 혼자서 이 생각 저 생각을 하면서 타박타박 산길을 걷는다. 이제 산길은 굽이굽이 휘돌아 내려간다. 멀리 보이는 산허리에 색색의 배낭 커브와 우의를 입은 사람들이 한 줄로 걸어가는 모습이 또 하나의 그림이 된다. "빨강 우산, 노란 우산, 찢어진 우산~" 노래를 흥얼거린다.

엘 아세보(El Acebo)에 도착. 점심을 먹기 위해 주위를 둘러본다. 바 문 앞에 걸려 있는 호석, 재국의 우의가 보인다. 창가 자리에 앉은 둘은 한참 식사 중이다. 초은과 한별은 다른 곳으로 갔는지 보이지 않는다. 나도 그들처럼 보카디요와 까페 콘 레체를 시킨다. 바는 일반 순례자와 자전거 순례자 등 많은 사람들로 붐비고 있다. 호석과 재국은 먼저 출발하고 나는 천천히 점심을 먹고 쉬다 출발을 한다.

오늘 비는 멈출 생각이 없나 보다. 엘 아세보 마을 끝까지 왔는데도 비는 더 많이 내린다. 남의 집 처마 밑에서 비를 피하고 서 있는 순례자들이 보인다. 나도 잠시 멈춰서 보니 지금보다 더 많은 비를 퍼부을 것 같은 시커먼 먹구름이 하늘에 가득하다. 늦기 전에 몰리나세카에 도착하려면 부지런히 걸어가는 것이 좋을 것 같아 다시 걸음을 옮긴다.

마지막 집에서 50m 정도 걸어가니 가파른 내리막길이 시작되는 계곡에 큰 바윗돌들이 있다. 많은 비가 내렸는지 계곡 물이 제법 사납다. 평소에는 마른 계곡 길일 텐데 비가 오니 길을 따라 빗물이 모여들어 많은 양의 물이 길을 메우고 있다. 비에 젖은 바위가 미끄러울까 봐 조심조심 한 발씩 내디딘다.

가파른 경사 길을 10분쯤 지나니 곧 산길이 완만해진다. 한국에서도 오르막보다 내리막을 더 잘 걷는 나는 하산길이 즐겁다. 미끄러지지만 않으면 어렵지 않은 산길이다.

산길에는 들꽃이 지천이다. 흰색, 분홍색 갖가지 꽃들이 무리 지어 피어 있는 꽃들의 향연이 펼쳐진다. 까미노 프랑스길 중에서 이 길의 야생화가 제일 예쁘다고 하더니 정말 예쁘다. 비만 안 왔다면 소풍 가듯이 즐겁게 걸을 수 있는 아름다운 산길이었다. 오늘의 날씨가 아쉽다. 몇 번을 뒤돌아보고 멈춰서서 보고 꽃들 사진 찍기 바쁘다. 언젠가 다시 한 번 화창한 봄날 이곳을 걷고 싶다고 소원을 빌어 본다.

비가 오니 앉을 자리가 없어 계속 걷는다. 날씨만 좋으면 산들바람을 맞아가며 풀밭에 앉아 노래도 한 곡 불러보고 놀면 딱 좋겠다.

내 인생살이에서 비가 내릴 때도 한구석엔 이렇게 예쁜 꽃들이 피어 있겠지. 비가 오면 비를 피하는데 정신이 팔려서 있는 꽃들도 즐기지 못하고 살아가는 건 아닐까? 비가 와도 꽃은 그곳에 피어 있는데 내리는 비를 피한다고 알아채지 못한 채 비만 원망하고 있는 건 아닌지 나를 돌아본다.

산허리를 돌아가니 저 멀리 산 아래에 짠하고 몰리나세카가 나타난다. 몰리나세카는 지금까지 지나온 스페인의 건물들과 다르게 동양적인 느낌이 물씬 난다. 유럽에 있는 대부분의 집들은 붉은 벽돌색인데 이곳 몰리나세카의 지붕들은 기와 색깔과 비슷한 재색이다. 비가 오는 흐린 날 신선이 살 것 같은 중국 산간 마을과 비슷한 몽환적인 풍경이 펼쳐진다.

산길을 다 내려와 차도와 만나는 몰리나세카 입구에 있는 성당 문 위에는 지금껏 봐온 성당과 다르게 피에타상이 조각되어 있다. 어딜 봐도 순례자가 아닌 차림새의 외국인 아주머니가 나에게 말을 걸어온다. 자기는 다리가 아파서 산길을 걷지 못하고 산 위에서 여기까지 버스를 타고 내려왔는데 함께 온 일행들은 지금 산을 내려오는 중이라고 한다. 철 십자가에서 만났던 관광객들이 이 아주머니의 일행인가 보다. 내리막길에 강한 나는 여러 사람을 앞질러 왔는데, 도로 가장자리에 버스 2대가 정차해 있는 걸 봤다. 그들을 기다리는 버스였던 모양이다.

마을로 진입하는 강 위에 놓여 있는 다리는 로마네스크 양식이란다. 돌로 만든 다리가 짧지만 우아하고 품위 있어 보인다.

오늘 머물기로 한 알베르게는 마을이 끝나가는 지점에 있는 사설 알베르게인 산타 마리나(Santa Marina)다. 그런데 알베르게로 가는 길에 있는 현대적인 깔끔한 호텔 입구에 순례자 도미토리가 7유로라고 적혀 있는 걸 발견했다. 통유리로 되어 있는 라운지는 한눈에 봐도 멋있다. 아쉽다. 진작 알았으면 이곳에 머물렀을 텐데.

마을이 끝나가는 곳에 있는 알베르게 테라스에서 쉬고 있는 순례자들이 보인다. 오늘 내가 머물 산타 마리나 알베르게다. 침대를 배정받고 방으로 들어가니 오늘은 한국 사람들이 많다.

등산화가 젖었는지 다들 신문지를 구겨서 신발 속에 집어넣고 말리는 중이다. 내일 아침까지 등산화가 마를까? 5명의 옷을 한꺼번에 세탁기에 넣고 작동시킨다. 옷의 양에 상관없이 한번 돌리는데 3유로, 건조도 3유로다. 5명이 나누어서 내면 경제적이다.

저녁은 몰리나세카 마을 입구에 있는 식당 메손 엘 팔라시오(Meson El Palacio)에서 먹기로 한다. 많은 순례자들이 이곳을 추천했

다. 비가 오니 우산이 없어 다시 우의를 걸치고 등산화 대신 슬리
퍼를 신고 식당으로 간다. 창가 자리에 한국사람 8명이 식사 중이
다. 이곳 스프가 한국의 시래깃국이랑 같은 맛이라고 추천한다. 비
오는 날에 따뜻한 한국식 시래깃국을 먹으니 집 생각이 난다.

몰리나세카 가는 산길

호텔 알베르게

몰리나세카 입구의 다리

도보 순례자의 길과
자전거 순례자의 길

 32km

몰리나세카(Molinaseca) → 비야프랑카 델 비에르소(Villafranca del Bierzo)

3일째 배낭을 택배로 보낸다. 레온 이후로 계속 30km 이상을 걷고 있고 어제는 비를 맞고 산길을 걸어서 몸 상태가 별로다. 몸이 편하기 시작하면 그 유혹은 달콤하다. 무거운 배낭을 메고 가겠다는 마음이 안 생긴다. 물과 간식, 우의만 들어 있는 가벼운 배낭은 걸음걸이를 가볍게 해준다.

6시 50분, 해가 뜨지 않은 시각이라 밖은 아직 어둡다. 오늘은 헤매지 않고 노란 화살표를 따라 앞에 보이는 순례자를 보면서 잘 걷고 있다. 그런데 앞쪽에 보이던 순례자들이 어느 순간 시야에서 사라진다. 역시 서양 사람들은 다리가 길어서 그런지 잘 걷는다. 하지만 2차선 도로를 따라 걷는 길이라 길 잃을 염려는 없다. 차도에는 가끔씩 차가 지나다녀서 무섭지도 않다.

노란 화살표가 보이는 보도블록 위엔 달팽이가 기어가고 있다. 밟지 않으려고 아래를 보고 걸었는데, 앗! 실수로 달팽이를 밟았다. 에쿠! 불쌍하다. 사람들에게 밟힐까 봐 보도블록에 있는 달팽이들을 길옆 풀숲으로 몇 마리 옮겨 주다 그만둔다. 자연의 질서를 함부로 건드리지 말자. 내가 이 까미노길을 걷는 것처럼 달팽이도 저렇게 기어가는 이유가 있겠지 하는 생각이 든다.

　　걷다 보면 보통은 체격도 좋고 다리도 길어 걸음이 빠른 서양 사람들이 나를 추월하는데 오늘은 그런 사람이 한 명도 없다. 아이들도 안 온다. 출발한 지 1시간 반이 지났다. 지금쯤이면 나를 추월해야 할 시간인데 이상하다. 다소 불안하다. 찻길에 표시된 노란 화살표를 따라 있는 차도 옆 인도는 별로 힘들지도 않다.

보도블럭 위의 달팽이

폰페라다 입구

혼자서 안절부절하는 마음을 달래며 '걱정 말아요 그대'를 부르며 신나게 걷는다. 노란 화살표가 찻길에 계속 보이니 까미노길이 맞을 것이고 저 멀리 폰페라다(Ponferrada) 마을도 보인다. '걱정 말아요 그대'만 계속 부른다.

도로 옆으로 보이는 별장처럼 멋진 집 구경을 하면서 폰페라다 초입에 2시간 만에 도착했다. 시 외곽으로 노란 화살표를 따라가니 건너편에 공립 알베르게가 보이고 순례자들이 아침을 먹고 있는 바가 보인다. 나도 바에서 크루아상 2개와 까페 콘 레체로 아침을 먹는다.

호석에게서 카톡이 왔다. "이모! 도대체 어디까지 가셨어요. 걸음 엄청 빠르시네요. 폰페라다 지나가셨나요?"라고 연락이 왔다. 폰페라다 공립 알베르게 근처 바에서 아침을 먹는 중인데 너희는 왜 안 오냐고 카톡을 했더니 다들 벌써 도착해서 대성당 근처에서 아침 먹고 마을 구경 중이란다.

헉! 나는 도시 초입에 있는데 도대체 뭐가 잘못된 거지. 나는 도로를 따라 걸었을 뿐인데. 호석이 내 말을 듣더니 알베르게를 출발해서 30분쯤 걸어가면 도보 순례자는 도로 왼쪽으로 꺾어진 들길을 따라 걸어야 하는데 나는 자전거 순례자 표시를 따라 도로 끝까지 걸어간 것 같단다. 못 살아! 역시 난 길치였다.

이 길이든 저 길이든 폰페라다에만 오면 되지 뭐! 바를 나와 폰페라다 시내의 중심 광장에 들어서니 앞쪽에서 호석이 이쪽으로 걸어오고 있다. 도보 순례자 길은 들길을 따라 폰페라다로 들어오게 되는데, 템플 기사단 성벽을 따라 걷는 길로 들어와서 도시를 가로질러 나가게 되는 것이란다.

나는 자전거 순례자 표시를 따라 마을 외곽에서 도심 중앙으로 올라왔으니 오른쪽으로 꺾어서 되돌아 폰페라다에서 나가야 된다. 성으로 들어가는 입구에서 사진만 찍고 성당과 템플기사단의 성은 구경도 못한 채 스쳐 지나간다. 최근 하루에 30㎞ 이상의 거리를 걷다 보니 오후 늦게 알베르게에 도착하는 게 부담스러워 유적지 둘러보는 걸 포기하는 경우가 많다.

강 옆으로 있는 공원을 따라 마을을 나가는 곳에 철교가 있다. 이 지역은 산이 많아 광물이 많이 생산되는데, 폰페라다의 마을 이름도 이 철교에서 유래했다고 한다.

아스토르가를 지나면서 하늘과 맞닿은 지평선을 보는 일은 없어졌다. 갈리시아 지방에 가까워질수록 숲으로 둘러싸인 언덕과 산들이 많이 보인다. 카카벨로스(Cacabelos)로 가는 길에 넓은 포도밭이 펼쳐진다. 한국의 포도나무는 내 키만큼 크게 자라는데 스페인의 포도나무들은 크기가 내 무릎 정도까지만 온다. 늦여름에 걷는 사람들은 포도를 배부르게 따먹으며 걷는다는데 지금은 봄이라 포도가 없다.

카카벨로스의 성당은 시에스타 시간이라 잠겨 있다. 스페인은 신도 시에스타를 지키나 보다. 오후 3시, 비야프랑카 델 비에르소 (Villafranca del Bierzo)에 도착했다.

마을 초입에 있는 시립 알베르게는 보행자 도로 아래쪽으로 있어 생각 없이 걷다 보면 지나쳐 버리기 쉽다. 오늘은 이곳에서 묵기로 했는데 오랜만에 알베르게에서 저녁을 해 먹자며 한별이 나섰다. 저녁을 차려주겠다는 것이다. 한별이 만든 토마토 소스 파스타와 샐러드가 다 맛있었다. 창밖을 보니 빗방울이 점점 굵어지고 있다.

내일은 해발 1,300m에 있는 오 세브레이로(O Cebreiro)까지 가기로 한다. 이곳에서 오 세브레이로까지 고도 750m를 올려야 하는 코스다. 마지막 7㎞ 산길을 가파르게 올라가야 한다니 걱정이 된다. 일기예보에서는 내일 비가 많이 올 것이라고 한다. 다들 겁을 먹는다. 두 분 신부님은 발바닥 물집이 아직 낫지 않아서 비가 많이 오면 중간 지점에서 멈출 것이라고 한다. 걱정하는 모두에게 내일 오 세브레이로 까지 잘 올라오면 내가 뽈뽀(문어) 요리를 쏠 테니 다들 파이팅하자고 용기를 북돋운다.

글쎄, 정작 걱정해야 하는 사람은 나일 것 같은데. 용기를 내라는 말은 겁먹은 나에게 한 말일지도 모르겠다.

한별이 만들어 준 저녁 식사

비를 맞고 도착한 비야프랑카 델 비에르소 알베르게

까미노는 몸으로 배우는 인생 학교

 28km ● 순례 24일 차 🚶 5. 8. 일요일

비야프랑카 델 비에르소(Villafranca del Bierzo) → 오 세브레이로(O Cebreiro)

6시에 일어나 밖을 보니 비가 많이 내리고 있다. 아스토르가를 지나고 나서는 매일 비가 내린다. 출발하기 전에 식당으로 내려가 컵라면과 빵을 먹는다. 비 오는 날은 뱃속이 든든해야 덜 추우니 출발 전부터 배를 채운다. 배낭은 택배로 보내기 위해 입구에 두고 우의를 걸친 뒤 길을 나선다.

마을을 벗어나서 부르비아 다리를 건너면 두 갈래 길이 있다. 첫 번째 길은 정통 산티아고 길로, 오른쪽 길 능선을 따라 산을 오르는 길이라 길고 힘들다. 지금은 순례자들이 잘 가지 않는 길이라고 한다. 두 번째 길은 도로를 따라가는 직진 길인데, 변형 루트로써 짧고 편한 길이다. 대부분의 순례자들이 두 번째 길을 선호하므로 우리도 도로를 따라 걷는 두 번째 길로 걸어간다.

새로운 고속도로가 생긴 뒤로 차들은 우리가 따라 걷는 2차선 도로로는 잘 다니지 않는다고 한다. 덕분에 차가 다니지 않아 쾌적하다. 게다가 이 길은 차도와 보행자 도로가 콘크리트 구조물로 완벽히 분리되어 있어서 걷기에 더 좋다.

방수가 안 되는 재국의 운동화를
비닐 봉투로 응급 처방했다

비야프랑카 델 비에르소 출발

조금씩 고도를 올리는 길이지만 평탄한 아스팔트를 따라 걷는 길이라 별 어려움 없이 걷는다. 컨디션이 안 좋은지 초은이 나와 보조를 맞춰서 걷는다. 1시간쯤 지나면서 비는 가랑비로 변했고 햇볕도 없어서 걷기에 최적인 날씨가 됐다. 우리 걸음도 속도가 붙기 시작했다.

호석과 재국이 라 파바(La Faba)에서 같이 점심을 먹자고 하고 먼저 간다. 비가 제법 많이 왔는지 계곡의 물은 많이 불어 있다. 도로를 벗어난 순례길은 오르막 산길로 접어들면서 비가 많이 내려 질퍽해졌다. 진흙 길에 여기저기 물웅덩이가 있어 걷기가 불편해진다. 이곳도 날씨가 좋을 때 걷기 명상을 하면 참 좋을 것 같다.

갈라시아 지방이 가까워질수록 산들이 많아지고 멀리 보이는 산들의 목초지가 아름답다. 한국에서 보던 말들과는 모양새가 영 다른 말들이 보인다. 옅은 안개비에 둘러싸인 선명한 초록색의 낮은 산들은 신비롭기까지 하다.

라 파바에서 만나기로 한 호석과 재국이 안 보인다. 전화를 하니 진흙 길을 피해서 자전거 순례자 도로를 따라 걸어가다 보니 도로가 라 파바 마을을 들리지 않는 길이라 지나쳐 버렸다고 한다. 힘도 들고 배도 고프고 해서 오 세브레이로로 바로 가겠단다.

초은과 한별, 나는 라 파바에 있는 바를 찾아간다. 가까이 있는 바 문을 열고 들어가니 집시풍의 실내장식에 해먹도 있다. 흐르는 팝송과 스태프인 남자 2명, 여자 1명의 옷차림도 범상치 않다. 이곳은 채식주의자 식당이란다.

직접 만든 레모네이드와 크레페로 점심을 먹고 해먹에 앉아 이런저런 이야기꽃을 피운다. 초은이 이곳의 실내 장식이 너무 좋다며 자기도 이런 풍의 커피숍을 하고 싶다고 한다. 비가 와서 그런지 오늘 손님은 우리 세 사람뿐이다. 밖은 비가 오는데 바 안은 한가롭기만 한 것이 좋다. 우리가 순례자라는 것도 잊은 채 1시간을 넘게 앉아 놀고 있다.

여행을 하다 보면 20대, 30대와도 할 수 있는 이야기들이 많다.

오래 살았다고 그들에게 훈계는 절대 하지 않는다. 여기 오기 전에 코칭을 배웠는데, 그때 사람들의 이야기를 들어주고 공감해 주는 훈련을 많이 했다. 그래서인지 나도 모르게 순간적으로 조언과 훈계를 하려다가도 알아차리곤 다른 말을 하게 된다.

까미노 데 산티아고를 걸으러 온다는 건 그들의 정신이 매우 건강하다는 뜻이다. 왜냐하면 이 길은 단순한 배낭여행길이 아니기 때문이다. 메세타의 뜨거운 태양과 어깨를 짓누르는 배낭의 무게, 그리고 하루에 20~30㎞의 거리를 걸으며 몸으로 겪어 내는 고통, 비를 맞으며 혼자 묵묵히 하루를 견뎌내는 고독과 인내까지. 산티아고 길은 이 모든 것이 어우러진 인생의 학교다. 이들은 이곳에서 이 모든 것을 마음과 몸으로 배워 가는 것이다. 그들의 흥미진진한 삶에 박수를 보낸다.

산으로 올라가는 마을 길은 여기저기 소똥 천지다. 소똥이 빗물과 함께 길로 흘러내려 그걸 피하다 보니 걸음이 더 느려진다. 우리도 호석 일행처럼 도로를 걷기 위해 길도 없는 풀섶을 가로질러 도로로 올라선다. 한별이 뒤로 처진다. 걱정이 되어 뒤를 돌아보니 다행히 뒤에 오는 순례자와 함께 걸어온다. 비가 많이 와서 오늘 일정을 빨리 멈추었는지 길에는 순례자들이 거의 보이지 않는다.

고도가 높아지면서 바람이 거세게 분다. 초은과 둘이서 얼굴을 때리는 매서운 비바람을 맞으며 4시가 다 되어서야 오 세브레이로에 도착한다. 비바람이 심하게 불어 뺨이 얼얼하다.

오 세브레이로부터는 갈리시아(Galicia) 지방이다. 갈리시아의 시립 알베르게들은 주정부에서 관할하며 폐교된 학교 건물을 리모델링했다고 한다. 스페인도 시골에는 폐교들이 많은가 보다. 갈리시아의 알베르게들은 지역경제를 위해 순례자들이 주변 식당을 이용하도록 주방 내에 식기들을 비치하지 않는다고 한다. 공립 알베르게 숙박비도 전에는 무료였는데 2013년부터 6유로씩 받는다고 한다.

까미노 출발 전에 들은 소식으로는 갈리시아 알베르게들이 적자 운영이라 마땅히 운영할 업체를 구하지 못해서 알베르게가 정상적으로 운영 되지 않을 수도 있다고 했는데, 알베르게가 열려 있는 걸 보니 다행히 잘 해결되었나 보다.

나야 하루 머물고 가는 것이지만 계속해서 이 순례길을 걷는 순례자들을 생각한다면 이 아름다운 마을과 의미 깊은 까미노 순례길이 쇠락하지 않고 번성했으면 한다.

늦게 도착했는데도 침대가 있다. 교실을 숙소로 사용하는 만큼 침대가 많다. 먼저 도착하신 두 분 신부님은 입구 쪽 1층에 나란히 짐을 푸셨고, 재국과 호석은 교실 끝 벽 쪽에 자리 잡고 있다.

1층 자리 침대가 남은 곳은 가운데 자리인데 좁은 싱글 침대 2개가 칸막이도 없이 붙어있어 그냥 한 개의 더블 침대 같은 느낌이다. 그런데 옆 침대의 짐을 보니 남자가 쓰는 것 같다. 좁은 침대가 딱 붙어있으니 조금만 뒤척여도 옆 침대로 팔다리가 넘어갈 것 같아 고민이 된다. 돌아누워 자다가도 몸을 한 바퀴만 돌리면 외간 남자의 얼굴을 마주할 수 있다. 고민 끝에 1층 벽쪽 침대를 차지한 재국에게 부탁해서 자리를 바꾼다. 고마워 재국아!

침낭을 펼쳐서 짐을 정리하고 아래층으로 샤워를 하러 간다. 남녀 샤워실이 구분되어 있어 좋다 했더니 죽 늘어선 샤워실에 문이 없다. 뒤에서 순서를 기다리는 사람들이 샤워하는 내 모습을 문득 문득 보고 있다. 많이 당황스럽다. 속옷만 걸치고 다니는 외국 사람들은 많이 봤지만 샤워실에 문이 없는 것은 처음이라 당황스럽다.

그런데 다시 생각해보니 외국 사람들도 한국의 공중목욕탕을 이상하게 생각하지 않을까 싶다. 한국의 공중목욕탕에서는 아무렇지도 않은 것이 이곳에서는 이상해질 수 있다는 게 결국 문화의 차이인 것 같다. 익숙하지 않은 것은 불편한 것이라는 고정관념이 있는 것 같다.

오 세브레이로에도 전설이 있다. 옛날 독실한 신자인 가난한 농부가 무시무시한 눈보라를 뚫고 목숨을 걸고 걸어와 미사에 참석했다. 성당의 사제는 미사에 참석한 사람이 한 사람뿐이라는 이유로 성의 없이 미사를 올리려 했다. 그런데 그 사제가 밀떡과 포도주에 축성을 하려는 순간, 밀떡은 살로 포도주는 피로 변했다고 한다. 그때의 포도주잔을 기적의 성배라고 부르는데, 그게 이곳 성당에 보관되어 있다고 한다.

저녁을 먹으러 레스토랑으로 몰려간다. 모두들 낙오 없이 잘 도착했으니 어제 약속한 대로 이곳의 유명한 뽈뽀(문어) 요리 세 접시를 내가 샀다.

내일은 사리아(Sarria)까지 한 번에 40㎞를 걷기로 했다. 거의 10시간을 꼬박 걸어야 하는 거리다. 이틀에 나누어서 걸을 것을 고민해 보지만 역시 그냥 걸어가기로 마음먹는다. 산티아고의 보스케 민박에 5월 13일, 14일 머물겠다고 예약을 한 상태이지만 여의치 않으면 하루쯤 뒤로 미룰 수도 있다. 하지만 내일은 내가 좋아하는 하산길이니 일정대로 해볼 만하다는 생각이 든다. 매일이 도전이다. 인생은 영원한 도전이며 우리의 삶 자체가 도전인데 해 보지 않고 포기할 수는 없다. 잘 걷는 사람은 하루에 50㎞도 걷는다. 배낭의 무게만 가벼우면 충분히 가능하다.

고로 내일도 배낭은 무조건 사리아까지 택배로 보낸다. 호쾌하게 대답은 했지만 마음으로는 걱정이 된다. 비 맞고 올라온 산길이라 많이 피곤한데도 쉽게 잠들지 못하고 까미노 정보 검색만 하고 있다.

오 세브레이로 마을 전경

갈리시아 지방 표시석

다음 날 택배 보낼 배낭을 부치러 마을 호텔로 가는 중

오 세브레이로 알베르게 신발장

내 나이를 안다는 건
어떻게 행동하는 것을 말하는 것인가

 40km · 순례 25일 차 · 5. 9. 월요일

오 세브레이로(O Cebreiro) → 사리아(Sarria)

까미노길을 시작한 뒤 처음으로 40㎞를 걷기로 한 날이다.

긴 거리를 잘 걸을 수 있을지 걱정이 되어 어젯밤 잠을 설쳤다.

산티아고까지 남은 거리는 154㎞. 별일 없으면 4일만 걸으면 도착한다. 한국에서 출발할 때 두렵고 걱정했던 것이 와서 보니 전부 기우였다. 이렇게 잘 먹고 잘 걷고 하니 하느님께 감사할 따름이다. 어젯밤 잠을 설치며 걱정한 것도 오늘 저녁에는 웃으면서 무용담을 늘어놓고 있겠지. 나에게 격려를 보내면서 길 떠날 준비를 한다.

두 분 신부님은 6시에 출발하셨고 초은은 오늘따라 일찍 걷겠다며 혼자 6시 20분쯤 출발했다. 한별은 아침에 깨워 달라고 하고선 쉽게 일어나지 못하고 있다. 호석, 재국과 함께 6시 40분에 숙소를 나선다. 오늘은 밥 먹고 쉬는 시간 빼고 꼬박 10시간을 걸어야 된다. 오후 6시까지 사리아에 도착하는 것을 목표로 걷는다.

산 정상에 있는 알베르게를 나오면 바로 산속 숲길로 이어진다. 아직 어둠이 가시지 않은 숲속은 으스스하다. 아이들을 따라나서 길 잘했다 싶다.

20분쯤 걸었을까. 어두운 숲속에서 시커먼 사람이 불쑥 튀어나온다. 자세히 보니 먼저 간 초은이다. 사람이 없는 컴컴한 산길에서 혼자 무섭고 길도 잘못 들어 헤매다 우리를 만나서 안심이란다. 다들 한참을 웃는다. 결국 같이 산길을 걷는다.

산길을 벗어나 도로 옆 순례자 길을 따라가다 보면 순례자 복장을 한 까미노의 성인, 성 야고보 동상이 서 있다. 외로운 순례자들을 위해 길 안내를 하고 계시나?

비가 조금 내려도 바람이 불 때는 우의를 입고 있는 것이 따뜻하다. 오늘도 40분 정도가 지나니 아이들은 보이질 않는다. 걸음 참 빠르다. 혼자서 타박타박 걸으며 갈리시아의 목가적인 풍경을 눈에 담는다.

아담한 돌담길, 인적 없는 들길, 멀리 바라보이는 산의 푸른 목초지, 아침의 고요함 속에서 걷는 길을 오롯이 혼자만의 사색 공간으로 채운다. 까미노를 걸으며 지금까지 지나온 마을들은 밀밭과 포도밭의 농업지역이었다면 비에르조의 포도밭을 지나면서 사방이 산으로 둘러싸인 가축을 키우는 목초지로 풍경이 바뀐다. 좌우로 눈을 돌리면 한국의 지형처럼 사방이 산으로 둘러싸여 있고, 산은 소와 말을 방목하는 초지로 되어 있다. 농업보다는 축산업 지역인 듯하다.

왠지 한국의 강원도 같은 느낌이 들어 친근감이 든다. 지나가는 마을에는 소를 키우는 외양간도 많고 소나 말을 지키는 큰 개들도 눈에 띈다. 2시간쯤 시골길을 걸으니 정신이 맑아지고 눈과 폐가 정화된다.

알토 도 포이오 바 앞의 개

알토 도 포이오(Alto do Poio)에 있는 바 문앞에 놓여 있는 아이들 배낭이 보인다. 먼저 출발하신 신부님들과 아이들이 그곳에서 아침을 먹고 있다. 2시간을 신나게 걷고 나니 배가 고팠는데 나도 크루아상과 까페 콘 레체로 아침을 먹는다. 쌀쌀한 날씨에 따뜻한 까페 콘 레체가 차가운 몸을 따뜻하게 해준다.

오늘 신부님들은 트리아 카스테라(Tria Castela)까지만 걷고, 그곳 알베르게에 머물 거라고 하신다. 우리 5명은 그곳에서 점심을 먹기로 하고 다시 길을 나선다.

출발할 때 내리던 안개비는 어느새 맑은 날씨로 변했다. 우의도 벗고 가벼운 차림으로 기분좋게 길을 걷는다. 공기는 상큼하고 어디를 쳐다보든 푸른 초원과 산들이 평화롭다.

갈리시아 산골 마을

하지만 목축을 하는 마을을 지날 때는 소똥을 밟지 않게 조심해야 한다. 곳곳에 소똥이 널려 있기 때문이다. 이곳은 순례자들의 순례길이기 전에 이곳 사람들의 생활터전인 곳이다.

그러니 소똥 냄새가 나도 투덜대지 않기, 소똥을 밟아도 화내지 않기로 나에게 주문을 걸면서 걸어간다. 12시쯤 트리아 카스테라에 도착했다.

바 앞에 아이들의 배낭과 신발이 나란히 놓여 있다. 점심을 먹을 때는 발을 통풍시켜주기 위해 종종 등산화를 벗고 슬리퍼를 신는다.

아이들은 점심으로 스테이크를 먹고 있다. 역시 몸을 많이 움직였으니 단백질 보충은 필수다. 나도 스테이크로 주문한다. 목축지역답게 스테이크는 양도 많다. 두 분 신부님은 시립 알베르게가 문을 여는 시간이 아직 멀었다며 알베르게 문 앞에 배낭을 두고 점심을 먹으러 오셨다.

우리는 오늘 18km를 더 걸어서 사리아에 묵을 예정인데, 신부님 두 분은 우리보다 하루 뒷날 산티아고에 오시겠단다. 산티아고에서 만나자고 약속하고 우리는 또 길을 나선다.

트리아 카스테라 마을 끝에서 까미노길은 두 갈래로 나누어진다. 마지막에는 사리아에서 만나겠지만, 왼쪽 길은 사모스(Samos) 수도원을 지나는 길이다. 산 실(San xil)을 거쳐서 가는 길보다 5km 정도 더 걸어가야 하지만 오래된 사모스 베네딕트회 수도원을 둘러 볼 수 있다는 장점이 있다.

오른쪽 길은 산 실 쪽으로 난 길인데, 중간에 마을이 있어 쉬어

갈 수 있고 거리가 짧은 게 장점이다. 나는 거리가 짧다는 산 실 쪽 길로 들어선다.

오전에는 제법 많이 보이던 순례자들이 거의 보이지 않는다. 대부분 20~30㎞를 하루 목표량으로 정하므로 순례자들은 대부분 트리아 카스테라에서 멈추는 것 같다.

호석, 재국, 초은은 어느새 사라지고 없다. 역시 빠르다. 한별은 지금 점심을 먹는 중이라 한참 뒤에 올 것이기 때문에 혼자서 길을 걷는다.

드문드문 보이는 시골집에 사람은 보이지 않고 큰 개들만 보인다. 목축을 하는 갈리시아 지역으로 들어오면서 많이 보이는 큰 개들은 사람을 보고 짖거나 하진 않는데, 길옆에 있는 집의 개들과 언덕 위의 개들이 멀리서 나를 보고 컹컹 짖어댔다. 무서웠다. 혹시라도 개가 달려들기라도 하면 방어하려고 등산 스틱 두 개를 앞으로 들어 올린 채 더 이상 가지 못하고 멈춰 섰다.

이곳을 어떻게 지나갈까 한참을 서서 고민하고 있는데 마침 프랑스에서 온 순례자 부부가 걸어오고 있다. 다행이다. 반갑게 인사하면서 저 개들이 무서워서 더 이상 가지 못하고 있다고 하니까 들어 올린 스틱을 내리고 조용히 앞만 보고 걸어가면 괜찮다며 따라오란다. 내가 겁을 먹고 스틱을 휘두르면 개들도 나를 공격할 것이지만 내가 전혀 싸울 의사가 없다는 걸 보여주면 개들이 달려들지 않을 거라는 것이다.

뒤에 올 한별은 이곳을 어찌 지나올지 걱정이 된다. 무사히 개들의 무리를 지나서 산길로 접어들어 속도를 내어 걷는다. 프랑스인 부부는 배낭이 무거우니 걸음이 느리고 나는 배낭이 가벼운 만큼 걷는데 속도가 나니 자연히 또 혼자가 되어 걷는다.

날씨가 맑고 화창하니 햇볕은 쨍쨍하지만 산길이라 그늘이 많아서 시원하고 걷기도 쾌적하다. 카메라로 아름다운 풍경을 찍고 또 찍어 보지만 내 눈으로 보는 만큼 사진이 예쁘지 않다. 사진 찍기를 포기하고 아름다운 경치를 눈에만 꾹꾹 눌러 담는다.

혼자 걷는 산길에서 나의 내면의 목소리에 귀 기울여 본다. 만 56년을 살아 이제 노년으로 들어설 나는 항상 공감 능력 90%라고 자랑했었다. 내가 아는 사람들이 아파하면 그것을 내 일처럼 아파하며 위로하고 해결해 주려고 했다.

그런데 심리 상담을 배울 때 교수님께서 내가 자신의 나이를 인식하지 못한다고 하신 적이 있다. 그 순간 혼란스러워서 멍해졌던 기억이 난다. 그 말은 무엇을 뜻하는 것이었을까? 단지 내가 나잇 값을 못하는 철부지라는 걸까 아니면 순수한 어린애 같은 정신의 소유자라는 걸까? 내가 어떻길래 교수님은 나에게 그런 말을 했을까? 궁금했다. 이 말의 뜻은 좋은 것인가 나쁜 것인가? 생각하다 보니 무척 혼란스러워졌다.

내 나름대로 책도 많이 읽고 피아노 레슨도 열심히 해서 레슨 오는 학생들과 학생 어머니들에게 좋은 선생님으로 인정도 받았고 인기도 많았다고 생각했었다. 그런데 내가 자신의 나이를 모른다는 말을 들은 거다. 그렇다면 내가 나의 나이를 안다는 것은 어떻게 행동해야 한다는 뜻인가? 나름 심리상담을 배우며 인문학책도 많이 읽고 인생 공부도 하고 있었다고 생각했는데 그럼 내 사고와 행동은 몇 살에 머물러 있다는 것인가?

교수님은 그렇게 말씀하신 이유는 얘기해주시지 않았다. 이것을 알아가는 것은 오로지 내가 해야 할 일인 것이다. 나답다는 것, 나답게 행동하고, 사고한다는 것, 남에게 피해를 주지 않으면서 내가 나를 인정하고 자랑스러워하는 마음. 이것만 있으면 나이가 무슨 상관일까 하는 생각이 들었다.

꼬리에 꼬리를 무는 생각을 하며 산길을 걷고 있는데 앞쪽에서 커다란 트랙터가 오고 있다. 산길에서 처음 만나는 이 지역 농부다.

그러자 갑자기 생각은 다른 곳으로 튄다. 얼마 전 갈리시아의 까미노에서 새벽에 혼자 걷던 한국인 순례자가 강도를 만나 배낭과 짐을 몽땅 털렸다는 얘기를 들었는데 그 생각이 머리를 스쳤다. 어제 아이들에게 이 소식을 전하면서 조심하자고 말했었는데 혼자서 산길을 걷다가 트랙터를 모는 남자를 만나다니. 그 남자가 내 뒤로 다른 순례자가 보이지 않으면 차를 되돌려서 나를 공격하지 않을까 하는 두려움이 엄습했다. '나는 늙고 체격도 왜소한 동양 여자인 데다 현금도 가지고 있는데……' 하는 생각이 들면서 무서움이 온몸을 휘감는다.

갑자기 심장 박동 수는 빨라지고 내 걸음도 빨라진다. 한가롭게 거닐던 발걸음이 거의 뜀박질 수준으로 바뀌었다. 산길에서 시속 6㎞는 족히 될 듯 숨이 턱에 차오를 때까지 뛴다.

다행히 앞쪽에 순례자로 보이는 젊은 동양인 여자 2명이 걸어가고 있다. "한국분이세요?" 하고 물어보자 나를 쳐다보는 그들은 대만에서 왔다고 한다. 선입견이었다. 까미노에 한국 사람이 많이 오긴 하지만 동양인이 다 한국 사람은 아닐 터인데 한국 사람으로 생각한 것이다. 지금껏 내가 만난 동양인은 일본 사람 4명과 대만 사람 2명, 홍콩 사람 1명이 다였다. 대만 여자분들과 함께 걸어서 산길을 벗어났다. 다시 마음의 안정을 찾아서 그들과 헤어져 혼자 걷기 시작했다.

푸레아(Furela) 마을 바에서 재국, 호석, 초은을 만났다. 산길에서 우스꽝스러웠던 나의 이야기를 하면서 한참을 웃는다.

지금껏 화창했던 날씨가 갑자기 먹구름이 몰려오더니 비가 쏟아진다. 갈리시아의 봄 날씨는 변덕스럽다. 쏟아지는 빗속에서 한별이 들어온다. 내가 어제 들려준 강도 이야기가 생각나서 산속에서 엄청 달렸다고, 아마 시속 7㎞는 됐을 거라고 한다. 한낮인데 내가 애들한테 너무 겁을 줬나 싶다. 나도 겁먹긴 했지만.

먼저 와서 쉬고 있던 재국, 호석, 초은이 먼저 길을 나선다. 늦게 들어온 한별과 나는 산에서 너무 뛰어 다리도 아프고 무섭기도 하니 둘이 같이 천천히 걸어가자고 의견을 모은다. 순례자들이 뜸한 오후 시간대에 같이 걸을 수 있는 길동무가 있어 좋다. 무서운 갈리시아의 개와 강도 걱정도 덜 할 수 있으니 말이다.

멀리 사리아가 바라보이는 칼보르(Calvor) 마을의 바에서 한별과 같이 콜라를 마신다. 한낮의 더위 때는 얼음과 레몬 한 조각을 띄운 콜라가 맛있다.

카운터 앞에 앉아 있는 잘생긴 검정색 개가 조가비를 개 목줄에 걸고 앉아 있다. 주인을 따라 순례길을 걷나 보다. 순례길을 걷다 보면 주인 따라 순례길을 걷는 개와 말이 종종 보인다.

칼보르에서 사리아가 보이는데도 한 시간은 족히 걸어서 사리아에 진입한다.

사리아는 갈리시아 지방의 까미노에서 산티아고 콤포스텔라 다음으로 큰 도시이며, 오늘 우리가 머물 공립 알베르게는 신도시를 지나 구도시의 언덕 위에 있는 옛날 건물로 거의 사리아 도시 출구에 위치해 있다.

저녁 6시. 거의 탈진해서 알베르게에 도착하니 2층은 순례자들로 다 찼다. 우리가 배정받은 침대는 3층에 위치한 지붕 아랫방에 있었는데, 낮은 지붕 덕분에 모두 1층짜리 침대를 배정받았다. 내 잠자리 위에 다른 사람이 없다는 건 언제나 신나는 일이다.

저녁은 구글 어플에서 추천하는 구시가지의 피자집으로 가자고 한다. 그곳에서는 한국 라면도 먹을 수 있다고 한다. 피자집 진열대에 한국 신라면이 보인다. 신난다.

5명이 3종류의 피자와 한국 라면을 주문했는데 피자는 정말 맛있었다. 그런데 라면은 국물이 별로 없는 데다 면발이 덜 퍼져서 파스타 같았다.

그들은 사실 라면을 끓일 줄 몰랐다. 신라면은 한국 순례자들을 유혹하는 일종의 전시품이었다. 라면을 보고 뜨악해 하는 우리 표정을 보더니 라면은 서비스라고 한다. 덕분에 공짜 라면을 먹으며 즐겁게 식사를 했다. 그러던 중 호석이 밖으로 뛰어나가더니 그 사이 만나지 못했던 이탈리아 할아버지 까르로와 그의 친구분을 모셔온다. 다시 만나서 너무 반가웠다.

두 분은 내일 포르토마린(Portomarin)까지 22㎞를 가실 것이란다. 우린 그곳을 지나 곤잘(Gonzar)까지 30㎞를 가서 멈출 예정이었다. 서로 일정이 달라 아쉬워하면서 헤어진다. 내일 곤잘까지 8㎞를 더 걸어주면 그다음 마을 멜리데(Melide)까지 32㎞만 가면 된다. 만약 포르토마린에서 멈추면 멜리데까지 40㎞를 걸어야 하니 큰 도시인 포르토마린을 포기하고 내일 조금 더 걸어가자고 의견을 맞춘다.

밤 10시, 침대에 누웠는데 바깥은 소란스럽다. 알베르게 옆에 술집이 있나 보다.

사리아

사리아 피자집

이탈리아 할아버지 까르로와 친구

까미노 블루

순례 26일 차   5. 1ㅁ. 화요일

30㎞

사리아(Sarria) → 곤잘(Gonzar)

어제 40㎞를 걷고 나니 오늘
걸을 30㎞는 걱정도 안 된다.
사람은 자신이 정한 한계를 뛰
어넘으면 그전에 힘들어했던
상황도 더 이상 족쇄가 되지
않는 것 같다. 이렇게 나는 몸
과 마음의 근육을 키워 가는
중이다.

스페인의 뜨거운 태양과 신
선한 공기, 그리고 무엇보다 까
미노에서 만나는 사람들의 따

사리아를 출발하는 날 아침

뜻한 미소에서 나는 많은 에너지와 힘을 얻었다. 오늘 아침은 날씨가 맑아서 걷기도 즐겁다.

사리아에서 산티아고 콤포스텔라까지 100㎞만 걸어도 순례완주증을 준다. 시간이 없거나 걷기에 자신이 없는 사람들은 사리아부터 까미노를 시작하는 사람들도 많다.

최근에 계속 내린 비로 진창길이 된 돌담 옆길에 한 무리의 사람들이 줄을 서서 진창길을 건너려고 기다리고 있다. 장시간 걸어온 순례자들은 이미 등산화, 운동화가 흙으로 뒤덮여 있어 신발에 진흙이 묻어도 대수롭지 않게 걷는데 누가 봐도 이제 순례를 시작하는 깔끔한 차림새의 사람들은 어떻게 진흙 길을 피할까 고심하는 얼굴들이다.

그들보다는 걷기에 익숙해서 빨라진 걸음으로 앞으로 갔다. 그러자 자선단체 목걸이를 목에 걸고 순례자들에게 서명을 받는 스페인 사람들이 보인다. 국제 구호단체인 것 같다는 생각에 좋은 일 하는 젊은이들이라며 나도 설문지에 체크하고 서명을 하고 가려고 했는데, 기부할 액수를 체크하고 돈을 달라고 한다.

뭐야? 가난한 순례자들에게 현금을 기부하라는 그들이 정말 자선 단체 사람들이 맞나 하는 생각이 들었다. 기부할 마음도 사라져 그냥 지나쳐 버린다. 나중에 들은 이야기지만 그들은 자선단체 사람들이 아니라 자선단체인 척 사람들에게서 돈을 뜯어내는 사기꾼들이라고 한다.

또 어떤 곳에서는 순례자들이 지나가는 길목에 현지인 아주머니가 집에서 직접 만든 타르트를 맛보라고 권한다고 한다. 먹고 나면 타르트값을 지불하라고 하며 거액을 부른다는 것이다. 처음부터 유료라고 하면 먹지 않았을 것을. 먹고 나서 알게 되면 사기당했다는 생각이 들어도 어쩔 수 없이 돈을 지불하게 된다. 막상 당하게 되면 속상한 일이니 이 또한 조심해야 한다. 아름답고 거룩한 순례 길에 이렇게 가끔은 티끌이 있기도 한다.

오늘은 산티아고까지 100km 남은 지점에 세워진 거리표지석을 만나는 날이다. 바르바델로(Barbadelo)에서 같이 아침을 먹은 재국이 함께 보조를 맞춰 준다. 갈리시아 지방에는 500m마다 거리표지석이 세워져 있다. 유네스코에서 지원하는 돈으로 표지석을 새로 설치하는 중이라 비석이 완전 새것이다. 표지석을 보면서 점점 흥분이 되어간다.

까미노 안내책에서 보았던 귀여운 도마뱀이 그려진 'K100'비석을 만나길 기대하면서 발걸음을 재촉한다. 'km 100.746' 표지석이 보인다. 그런데 어느새 'km99.930' 비석 앞이다. 'K100' 비석은 어디로 사라진 거지? 지나온 길을 되돌아가보지만 어디에도 'K100' 비석은 보이지 않는다. 근처 동네를 두 바퀴나 돌아보지만 없다. 어디로 갔지? 아쉬운 대로 'km 99.930' 표지석 앞에서 포즈를 취하고 사진을 찍는다.

새로 만든 거리표지석

'K100' 비석은 투박하지만 고풍스럽고 세월이 느껴지는 돌비석이었는데 지금 내가 보는 표지석들은 누가 봐도 공장에서 찍어낸 듯 말끔하고 규격을 맞춘 표지석이다.

참 낯설다. 천년의 세월을 지나온 까미노에 남의 옷을 입고 있는 것 같은 느낌의 표지석이라니. 이 표지석도 20년 후쯤 비바람을 맞으며 세월의 때가 묻으면 중후한 멋을 풍기게 될까?

포르토마린 가기 전 길옆 가게에는 한국 신라면, 햇반, 김치, 간짬뽕 등 한국 음식을 파는 가게가 있다. 그곳에서 김치 캔과 햇반을 2개나 먹었다. 저녁에 먹기 위해 김치 캔과 햇반을 한 개씩 더 챙긴다. 하얀 쌀밥과 김치를 먹어서 감격스럽다.

주인장 아저씨는 매상을 올려 준 우리 일행들에게 한국 믹스 커피를 공짜로 주신다. 스페인의 커피도 맛있지만 역시 한국의 믹스 커피는 고향을 생각나게 한다.

며칠 동안 긴 거리를 걷다 보니 프로미스타에서 헤어진 이후로 쭉 만나지 못한 요리사 부부를 다시 만나게 됐다. 한국 라면을 판다는 소식을 전해 줬더니 많이 아쉬워하며 조금 전 마을 위쪽에 있는 레스토랑에서 점심을 먹고 나오는 길이라고 한다. 결국 저녁에 먹겠다면서 컵라면과 햇반을 사가져 간다.

우리는 오늘 곤잘까지 걷기로 했으니 미뇨(Mino)강 위에 놓인 현대식 긴 다리를 지나 포르토마린에 들어섰다. 점심을 배부르게 먹은 후라서 시내 중심으로는 들어가지 않고 마을 외곽으로 돌아서 도로를 따라 걷는다. 도보 순례자 길은 산속 오솔길로 들어서야 하는데 빙 둘러 가기 싫어 자전거 순례자용 도로를 따라 걸어가니 일부 순례자들도 우리처럼 도로를 따라 걷고 있다. 20분 정도 걸으니 산길을 따라 걷는 순례길과 도로가 만나서 다시 합쳐진다.

순례길이 25일을 넘어가면서 길의 특성을 파악하고 나니 조금씩 요령을 피운다. 처음에는 가끔씩 길을 잘못 들어 도로를 걸었다면 오늘은 알면서도 돌멩이가 있는 오솔길 대신 평탄한 도로를 따라 걷고 있다. 곤잘까지의 길은 도로 옆의 보행자 도로를 따라 완만한 오르막으로 쉽게 걸을 수 있는 길이다. 곤잘 입구에 있는 시립 알베르게는 폐교된 학교를 리모델링한 것으로 순례자들을 위한 편의 시설이 잘되어 있고 깔끔해서 좋다. 6일째 비가 와서 옷은 세탁기에 돌리고 알베르게 옆 바에 가서 오징어 튀김과 생맥주를 한잔 한다. 점심때까지 화창하더니 갑자기 비가 내린다. 비가 내리니 마음 한구석이 허전한 것이 생각에 잠기게 된다. 이제 산티아고까지 84 ㎞, 3일만 걸으면 이 길도 끝이다. 시작이 있으면 끝은 당연히 있지만 어딘지 모르게 자꾸만 아쉬운 마음은 나를 돌아보면서 이별 준비를 해야 한다고 나에게 말을 하고 있다.

까미노가 끝나가는 아쉬움 때문인지 거세게 내리는 비 때문인지 연거푸 생맥주만 들이키고 있는 나에게 한국의 딸아이로부터 비보가 날아든다.

친한 친구 오빠가 뇌출혈로 쓰러져서 지금 중환자실에 있다고. 성스러운 까미노를 걷는 엄마가 그곳 성당에 가서 친구 오빠가 건강하게 회복될 수 있게 기도해 달라고 카톡이 왔다. 가슴이 싸하

옛날 거리표지석

게 아프다. 그 아이에겐 기둥 같은 오빠인데 어쩌나.

딸아이 친구 오빠가 툴툴 털고 일어나 환하게 웃어 주기를 빌며 스페인의 작은 마을 바에 앉아 비가 부딪치는 창밖만 바라보고 있다.

매일 함께 하는 아이들과도, 끝이 없을 것 같은 까미노와도 이제 곧 이별해야 하는데 내 마음은 잘 견딜 수 있을까. 한 달이라는 시간 이 결코 짧은 건 아니지만 생 장 피에 드 포트 를 출발하던 때의 첫 마음과 끝을 향해 가는 이 마음은 어떻게 다를까.

혼자 앉아서 연거푸 맥주만 들이키고 있다.

갈리시아 시골길

주인과 함께 순례중인 강아지

비 오는 곤잘의 바

삶에서 지치고 힘들 때
내가 의지할 곳은?

순례 27일 차   5. 11. 수요일

32km

곤잘(Gonzar) → 멜리데(Melide)

산티아고까지 남은 거리는 85.2㎞. 걸어가야 할 거리가 두 자리 숫자로 들어오니 생각들이 많아진다. 이 길을 걷고 나서 한동안은 '까미노 블루'로 인해 힘들었다는 사람들의 말이 나에게도 현실로 다가온다. 나도 조금씩 쓸쓸한 감정이 올라온다. 4월 15일 첫날의 두려움과 설렘이 아직도 생생한데 하나의 논픽션이 끝나려고 한다.

내 인생의 마침표는 어떻게 끝이 날까? 잘살았다고 할까? 아니면 후회한다고 할까? 그걸 알 수 없기 때문에 매일 열심히 살아가는 것이 아닐까? 오늘도 비는 오락가락. 끝을 향해 가는 발걸음에 한 발 한발 의미를 실어본다.

1시간쯤 걸어서 호스피탈 데 라 크루즈(Hospital de la Cruz)에서 까페 콘 레체와 보카디요를 먹고 에너지를 올린 뒤 걷는다. 팔라스

데 레이(Palas de Rei) 마을 성당에서 딸아이 친구 오빠를 위해 촛불을 켜고 기도를 올린다.

그러다 하느님에게 항변을 한다. 하느님 착한 사람들은 더 많이 행복해야 하는 거 아닌가요? 착한 사람들은 다 잘되게 해주서야 하는 거 아닌가요? 나쁜 짓을 하고도 잘 먹고 잘사는 사람들도 많은데 왜 착한 사람들에게 불행을 투척하시나요? 한참을 앉아서 제단을 바라본다. 지금 내가 무슨 생각을 하고 있는 걸까. 행복과 불행은 내가 선택하는 것이라고 자신에게 말하고 있던 내가 아니던가. 이내 다시 마음을 가다듬는다.

큰 아이의 친구 오빠를 위해 촛불을 켜고 기도드렸던 성당

인생이 행복하기만 하다면 얼마나 좋을까. 아니지, 불행이라는 것이 없다면 비교할 것이 없으니 행복한지 불행한지 느낄 수 없는

게 아닌가? 불행이 있으므로 행복이 있다지만 행복은 잠깐이고 삶의 무게는 무겁다. 자신의 힘만으로는 더 이상 감당할 수 없는 상황이 되었을 때 인간은 신을 찾게 되나 보다.

그때 누군가 내 편이 있다면 지치고 힘든 삶에서 든든한 버팀목이 되어주지 않을까? 좀 더 잘 견딜 수 있지 않을까? 이 생각 저 생각으로 머리만 복잡해져서 다시 길을 나선다.

오늘 걷는 길도 숲길이라 쾌적하다. 게다가 내리막길이라 별 무리 없이 멜리데에 도착한다. 멜리데의 산 안토니오(San Antonio) 알베르게는 구시가지의 끝자락에 위치해 있다.

알베르게로 가는 구시가지에는 고풍스럽고 아기자기한 가게들과 가격대가 다양한 큰 와인 상점이 보인다. 멜리데의 공립 알베르게도 깨끗하고 시설이 좋다.

곤잘에서 택배 보낸 배낭은 알베르게가 아닌 옆 식당으로 배달되어 있었다. 재국이 가서 가방을 찾아왔다.

공립 알베르게의 오픈 시간들이 늦다 보니 알베르게로 부친 배낭들을 근처 바나 레스토랑으로 배달해 놓는다. 그래서 알베르게에 배낭이 없으면 근처에 있는 레스토랑들을 찾아보면 어느 곳으로든 배낭은 배달되어 있다.

오늘도 비가 오락가락해서 5명의 옷을 모아 세탁과 건조기를 돌리고 멜리데의 추천 음식 뿔뽀(문어) 요리를 먹으러 시내로 나간다. 멜리데의 문어요리는 워낙 유명해서 레스토랑도 크고 넓다. 바닷가가 점점 가까워지니 해산물 요리 식당들이 많다.

문어와 맛조개, 새우 등 요리를 다양하게 시킨다. 올리브 오일에 볶여 나오는 새우는 정말 맛이 환상적이다. 에스테야에서 브라질 순례자의 새우 요리에 군침을 흘린 이후로 새우 요리만 보면 손이 저절로 간다. 새우 요리가 맛있어서 혼자 한 접시를 더 시킨다. 후식으로 근처 마트에서 아이스크림도 사 먹고 간식거리까지 사서 알베르게로 돌아온다. 배가 부르자 행복해진다. 때로는 이렇게 단순해진다.

알베르게의 휴게실에서 레온에서 헤어진 덴마크의 칼스백을 만났다. 레온에서 만난 그녀는 너무 아프고 힘든 모습이라 결국 산티아고 길을 포기하겠다고 해서 서로 가슴 아파했는데 이곳에서 다시 만난 것이다. 어리둥절해 하는 우리들에게 - 좀 부끄러운 듯이- 사실 버스를 타고 이동했다고 말한다. 바르셀로나를 들렀다가 사리아에서부터 다시 걸은 모양이다.

순례길에 아프면 버스를 탈 수도 있고 잠시 다른 지방을 들를 수도 있다. 꼭 걷기만 하라는 법은 없는 것이다. 포기하지 않은 것만 해도 대단한 일이라고 엄지손가락을 척 올려 준다.

잘했어, 칼스백.

스페인 병원의
응급실

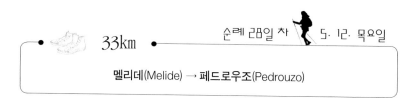

33km 순례 28일 차 5. 12. 목요일

멜리데(Melide) → 페드로우조(Pedrouzo)

　새벽 4시 반, 갑자기 식도가 아프면서 목이 쪼이는 느낌에 잠을 깬다. 아직 이른 시간이라 순례자들은 모두들 곤히 잠들어 있다. 조용히 복도로 나와서 몸의 상태를 살핀다.

　맙소사. 팔을 보니 전체가 붉게 부풀어 올라 있고 몸 여기저기가 가렵다. 이게 무슨 일이지. 당황스럽고 황당하다. 식중독인가? 어제 무슨 일이 있었지. 내가 뭘 잘못 먹었나.

　멜리데가 해산물 요리로 유명한 곳이라 문어, 새우, 조개 요리와 레드와인을 푸짐하게 먹고 새우가 맛있어서 혼자서 한 접시 더 시켜 먹긴 했지만 한국에서 해산물 먹고 알레르기 한 번 일으킨 적이 없던 나인지라 당혹스러웠다. 어제 호석, 재국, 초은, 한별도 같이 음식을 먹었지만 지금 식중독을 호소하는 아이들은 없는 걸 보면 식중독은 아닌 것 같다. 급한 대로 한국에서 처방받아 온 알레르기약을 먹는다. 피로가 누적되고 몸이 힘들어지니 저항력이 줄어들어서 그런 건가?

옛날 학교 건물을 개조한 알베르게다 보니 여닫이문이라 문 입구에서 잠자는 외국인 남자가 한마디 한다. 제발 문을 살짝 열어두고 다니라고. 문 닫히는 소리가 크게 들리나 보다. 아픈 곳을 확인하고 약을 찾느라 짐을 들고 몇 번씩 들락거리다 보니 본의 아니게 문 여닫는 소리가 시끄럽게 났나 보다. 일단 약을 먹고 휴게소에 불을 켠 뒤 혼자 서성이며 몸의 상태를 지켜본다.

30분쯤 지나니 처음에 쪼이면서 아프던 식도는 괜찮아지는 것 같은데 몸 곳곳은 여전히 가렵다. 시간이 참 더디게 간다. 1시간 정도 휴게실에 앉아 몸 상태를 살피고 있는데 재국이 복도로 나온다. 내가 움직이니 출발할 시간이 다 되어 가는 줄 알고 세면도구를 들고 복도로 나온 것이다. 일찍 출발하는 순례자들도 한 사람 두 사람 짐을 꾸리려 배낭을 들고 복도로 나오면서 조용하기만 하던 알베르게가 조금씩 부산스러워진다.

스페인어를 조금 하는 재국에게 몸의 상태를 이야기하고 같이 병원에 가자고 부탁한다. 배낭을 대충 꾸려 호석과 초은에게 맡긴 뒤 알베르게를 나선다.

아직 밖은 캄캄하다. 문이 열린 바로 가서 스태프에게 택시를 불러 달라고 부탁하니 5분쯤 지나 택시가 도착한다. 택시는 우리를 응급실이 있는 큰 병원으로 데려다주면서 병원 현관에 있는 초인

종을 누르라고 한다. 한국의 응급실과는 많이 다르다.

초인종을 누르고 기다리니 남자 직원이 응급실 문을 열어 주고는 곧 내 몸의 상태를 묻는다. 여권과 순례자 여권인 크레덴시알을 보여 달라고 하고선 접수를 한 후 의사에게로 데려간다. 이 병원에 근무하는 사람들은 죄다 남자다. 5명의 직원 중에 여자직원은 한 명도 없다. 접수대 의사 간호사 모두가 남자다. 의사에게 재국이 대충 스페인어랑 영어를 섞어 가면서 상황을 설명하고 한국에서 가져온 알레르기약을 먹은 상황이라고 말했더니 주사 한 대를 놓아주고 바르는 연고를 준다. 그리고 오늘은 푹 쉬어야 한다며 순례를 쉬라고 한다.

그렇지만 나는 순례길을 걸어야 한다고 하니 의사가 걱정스런 표정을 한다. 걱정이 되었는지 내 휴대폰의 맵스 미 지도에 큰 병원이 있는 도시 아르주아(Arzua)를 표시해주며 몸 상태가 안 좋으면 이곳에서 꼭 치료를 받으라고 말한다. 진료가 끝나고 치료비를 물었더니 순례자는 병원비가 무료란다. 감동이다! 한국에서 출발할 때 여행자 보험을 들고 온 터라 병원비는 한국에서 보험처리 하면 되는데 이렇게 순례자를 무상으로 치료해주는 병원에 감사할 따름이다.

예전에는 까미노 순례길에 있는 수도원에 순례자 병원이 딸려 있었는데, 그곳에서 순례자에게는 무료 치료와 잠자리, 먹을 것까지 제공해줬다고 한다. 그러나 순례자에게 무료 치료를 제공하던 병원들도 최근 적자가 나는 실정이라 병원비를 받는 곳이 많아졌다고 한다. 많은 공립 알베르게도 재정상 숙박비로 5~10유로의 돈을 받고 있는 상황인데, 나를 무상으로 치료해준 병원에 감사한 마음을 전한다.

치료를 받고 다시 알베르게로 오니 7시가 지났다. 많은 순례자들이 길을 떠나는 중이라 알베르게는 뒤숭숭하다. 주사약에 취한 것인지 정신을 차릴 수 없어 내 침대로 가서 드러누웠다. 얼마간 비몽사몽 누워있다가 걱정하고 서 있는 아이들에게 내 걱정은 하지 말고 오늘의 목적지인 페드로우조에서 만나자고 말한다.

지금 택시를 타고 가도 다음 알베르게인 페드로우조에 가면 아직 문을 열지 않았을 것이다. 혼자서 천천히 걸어가다 정 힘들면 바에 들어가서 택시 불러 타고 갈 테니 다들 걱정 말라고 다독인다. 평소 7시면 출발하던 순례길이 나 때문에 8시가 넘을 때까지 늦춰졌다.

약에 취해서 머리는 멍하고 발이 땅에 어떻게 닿는지 느낌도 거의 없다. 지금까지 내 두 발로 잘 걸어온 까미노인데 여기서 택시를 타야 한다는 생각에 좀 속상하다.

27일 동안 722㎞를 걸어왔고 이제 53㎞만 더 걸으면 내 두 발로 산티아고 콤포스텔라까지 가는 거라 포기하기엔 너무 아쉬웠다. 일단 걸어보자고 마음을 다잡아본다. 걷다 힘들면 그때 택시를 타도 늦지 않기에. 마음을 고쳐먹으니 속은 편하다.

힘들게 걷고 있는 나에게 에너지를 불어 넣기 위해 스스로를 다독인다. '나를 힘들게 하지 않기, 나에게 친절하기, 나를 극한으로 몰아가지 않기, 나를 사랑하기' 이렇게 나에게 주문을 건다.

날씨는 걷기에 적당하게 좋다. 5.3㎞를 비몽사몽 혼미한 정신으로 천천히 걸어 보엔테(Boente)에 도착했다. 바에서 샌드위치랑 까페 콘 레체 한잔으로 아침을 먹는다. 배도 채우고 커피도 마셨더니 정신이 좀 맑아지면서 기운이 나는 것 같다. 커피의 카페인이 정신을 맑게 해 주나 보다. 주사 맞은 게 효과가 있는지 몸이 가렵지 않고 피부도 정상으로 돌아왔다. 가벼운 배낭이라 걷기는 점점 속도가 난다. 숲길에서는 즐겁게 노래까지 하면서 걷는다. 쉬지 않고 걸으니 앞서가던 아이들과도 만난다.

점심은 아르주아에 있는 한 식당에서 먹기로 한다. 그곳에서 한국의 매운탕과 비슷한 생선 스프를 판다고 한다. 요즘 젊은이들은 인터넷으로 정보를 검색하니 세계의 맛집을 다 알고 있는 것 같다. 나도 한국에 가면 아날로그에서 디지털 세대로 변신하기 위해 인터넷 활용을 배워야 할 것 같다. 앞으로는 아날로그보다 디지털 세대니까.

아르주아의 식당은 부엌을 통해서 홀로 들어가는데 부엌에는 큰 찜통 같은 솥에 매운탕이 끓고 있었다. 순례자들은 보이지 않고 현지인들만 보인다. 초은은 매운탕이 싫다면서 생선튀김을 시키고 호석, 재국, 한별과 나는 매운탕을 시킨다. 빵과 함께 나온 생선 스프는 진짜 한국의 생선 매운탕처럼 생겼다. 맛도 비슷해서 즐거운 점심식사가 되었다.

오늘도 33㎞를 걸어야 하는데 나 때문에 출발 시간이 늦었고 점심도 순례길에서 조금 벗어난 곳까지 찾아가서 먹은 데다, 중간 중

쾌적한 나무숲길

아르주아의 생선 매운탕

간 비가 와서 비를 피하느라 시간이 많이 지체됐다. 결국 페드로우조에 6시 반이 넘어서야 도착한다. 걸음이 빠른 호석, 재국은 먼저 도착해 있었고, 한별, 초은은 나보다 한 시간이나 늦은 7시 반이 다 되어 숙소에 도착했다. 둘은 산티아고 길이 끝나가는 게 아쉽다며 걷다가 보이는 바는 모두 다 들러서 오겠다더니 정말 그렇게 한 모양이었다.

순례길 28일 중 제일 늦게 알베르게에 도착한 날이다. 한별과 초은은 힘들어서 밖으로 밥 먹으러 갈 힘조차 없다며 오는 길에 산 스페인 컵라면으로 저녁을 해결한다고 했다. 그래서 나는 호석, 재국과 근처 레스토랑에서 산티아고 순례길의 마지막 저녁 식사를 함께 했다.

내일 호석과 초은은 100㎞를 더 걸어서 야고보 성인이 배에 실러 도착한 피니스테레(Finisterre)까지 가기로 했고, 나와 재국은 보스케 한인 민박을 숙소로 정하고 피니스테레와 묵시아(Muxia)는 차량 투어를 하기로 했다. 한별은 산티아고의 알베르게에서 1박 하고 다음 날 바로 포르투갈 포루토로 간다고 한다.

그렇기에 까미노 순례길에 우리 5명이 모두 함께하는 밤은 오늘이 마지막이다.

4월 15일 생 장 피에 드 포트에서 출발할 때부터 내일 산티아고까지 함께할 호석에게 고마운 마음을 전한다. 호석은 성스러운 순례길을 앞두고 두려움에 떨고 있는 나에게 보내준 하느님의 선물이 아닐까 싶다.

순례길의
마지막 걸음

 20.1km ●   순례 2q일 차   5. 13. 금요일

페드로우조(Pedrouzo) → **산티아고 테 콤포스텔라**(Santiago de Compostela)

모든 것에는 시작이 있으면 끝이 있다.

순례길의 마지막 날, 시작과 끝의 두 감정을 헤아려 본다. 4월 15일 첫발을 내딛던 생 장 피에 드 포르의 아침은 가보지 않은 곳의 두려움과 새로운 곳에 대한 기대감으로 흥분으로 떨렸다. 그러나 5월 13일 오늘 순례길의 마지막 날 새벽은 끝난다는 안도감과 마지막이라는 아쉬움과 허전함으로 가득하다.

새벽 4시 45분 기상. 많은 순례자들이 잠들어 있는 시간이라 조용히 복도로 배낭을 들고나와서 짐을 꾸린다. 내 짐들을 배낭에 차곡차곡 채워 넣는다. 오늘은 침낭을 개는 마지막 날이다. 앞으로의 여행에서는 더 이상 침낭을 펼칠 일이 없을 테니까.

산티아고의 보스케 민박에서 산티아고 콤포스텔라에 11시까지

도착하면 배낭을 픽업해 주겠다고 해서 10시까지 산티아고에 도착하는 것을 목표로 길을 나선다.

오늘도 걸음이 제일 느린 나는 먼저 길을 나선다. 5시 50분, 날이 밝으려면 1시간은 지나야 하는데 알베르게를 나서니 비가 내린다. 산티아고 길은 알베르게에서 차도를 건너 숲길을 걸어 들어가야 하는데 어둡다. 짐을 줄인다고 볼펜만 한 독서등 1개만 가지고 와서 그걸로는 내 발 아래도 잘 보이질 않는다.

비 오는 깜깜한 숲속 길로는 갈 수가 없다. 어젯밤 익혀둔 지도상으로는 아메날(Amenel)강을 지나면 자동차 도로가 다시 산티아고 순례자 길과 만나는 곳이 있다. 약 3.7㎞ 지점이니 대략 40분쯤 차도를 따라 걸어서 차도와 도보 순례자 길이 만나는 곳에서 아침을 먹기로 하고 출발한다.

자동차 도로로 갔더니 마을을 벗어나면서 인도가 없어진다. 깜깜한 새벽인데도 차들의 속도가 굉장하다. 비가 내려 우의를 입고 걸어가는데 시야 확보도 힘들고 뒤에서 달려오는 차들과도 부딪칠 듯 아슬아슬한 느낌이다. 조금씩 후회가 된다. 괜히 새벽에 나섰나? 7시쯤 날이 밝아서 순례길인 숲속 길로 가면 쾌적하고 안전할 텐데. 후회하는 마음이 고개를 드는 순간 숨 한번 크게 쉬고 내 마음을 들여다본다.

그렇다. 인생은 매 순간 선택을 해야 한다. 이것이냐 저것이냐, 할 것인가 말 것인가, 심지어 아무것도 선택 안 하는 것 또한 선택이라고 한다. 어떠한 선택지라고 해도 후회가 남을 수 있다. 하지만 절망의 나락으로 떨어지는 선택지라 해도 내가 한 건 잘한 것이다. 그렇게 믿자. 신이 인간에게 준 선물 중 하나가 스스로 선택할수 있는 자유라고 했다. 그 자유를 내가 사용했으니 나를 원망하지 말고 칭찬해주고 사랑해주자.

까미노 마지막 날 새벽 별을 보고 걷겠다는 것도 나의 선택이고, 별 대신 비를 맞으며 걷고 있는 것도 내 선택에 의한 것이니 감사하게 받아들이자. 사람은 없고 차들만 달려오는 길을 걸으며 나에게 보내는 메시지를 휴대폰에 녹음한다. "황호선 넌 대단해! 네가 이렇게 훌륭하게 걸어낼 거라고 생각 못 했어. 이렇게 잘 걸어낸 넌 대단한 사람이야. 내가 널 사랑해. 파이팅!" 이렇게 녹음을 하고 사진도 찍으면서 나의 에너지를 끌어올려 힘찬 발걸음을 옮겨 간다.

20분쯤 지나니 초은과 한별이 걸어온다. 그 뒤로 호석, 재국도 걸어오고 있다. 깜깜한 새벽에 쌩쌩 달리는 차들이 무서워 다들 허겁지겁 걷고 있다고 말을 한다. 나도 무서웠는데 아이들을 만나니 마음은 좀 놓인다. 빠른 걸음으로 앞만 보고 걸어가니 차도 왼쪽편으로 마을의 레스토랑이 보인다. 다들 비 오는 어두운 거리를 걷는 것은 무리일 것 같으니 날이 밝으면 걷기로 하고 샌드위치와 까페 콘 레체로 아침을 먹는다. 샌드위치 빵이 바게트 대신 식빵이라 부드러워서 좋다.

7시쯤 날이 서서히 밝아 온다. 이제 이 아이들과 함께 걷는 것도 오늘이 마지막이다. 마지막이라는 말에 자꾸만 울컥하는 마음이 든다. 찬찬히 아이들 얼굴을 쳐다본다. 까미노 첫날부터 함께 걸었고 항상 나에게 할 수 있다고 에너지를 불어 넣어 주던 호석. 말없이 옆에서 챙겨 주던 배려의 아이콘 재국. 여전사처럼 씩씩하고 얼굴도 예쁜 초은. 귀염둥이 배우 한별. 모두 함께해서 행복했고 즐거웠다. 까미노를 걷는다는 공통점 한 가지로 긴 시간을 같이 먹고 자고 한 아이들이었다. 혼자였다면 무척 외로웠을 775㎞ 까미노를 함께해 줘서 고맙다.

10시, 오브라도이로(Obradoiro) 광장에 도착하겠다는 욕심에 허겁지겁 걷는다. 라바코야(Lavacolla) 마을에 흐르는 강은 옛날 순례자들이 성 야고보 사도 앞에 정갈한 모습으로 가기 위해 순례 중 땀과 먼지로 더러워진 옷을 세탁하고 몸을 씻은 곳이라고 한다. 그러나 라바코야 강은 강이라고 부르기가 적당치 않은 조금 넓은 냇가같은 느낌이다. 비가 와서 그런지 물은 제법 많이 흐르고 있다. 나는 그곳에서 씻을 생각이 전혀 없다. 그냥 지나간다.

시간은 흐르는데 거리는 좀처럼 줄어들지 않는다. 마음은 계속 조급해진다. 보스케 민박에 괜히 11시 픽업을 신청했나 싶다. 지금이라도 카톡을 해서 2시 픽업으로 바꿔볼까? 이 생각 저 생각으로 마음속에 생각이 많아 마지막 날의 엄숙함은 없다. 도시로 향하는 길, 여러 가지 소음들과 급해진 걸음걸이가 마음을 산란하게 한다.

9시 20분, 드디어 몬테 도 고조(Monte do Gozo) 언덕에 올라선다. 몬테 도 고조는 2천 명이 넘는 순례자들이 머무를 수 있는 순례자들을 위한 대형 캠프 같은 곳이다. 두 분 신부님은 오늘 몬테 도 고조에서 주무시고 내일 아침 일찍 산티아고에 도착하셔서 정오 미사에 참석하신단다. 순례길을 걸어서 산티아고 콤포스텔라에 도착하면 대부분의 순례자들은 순례자 사무실로 가서 완주증명서를 받고 정오 미사에 참석한다.

일반인들은 성당의 신자석에 앉아 미사를 보지만 성직자인 신부님들은 대성당의 사제 신부님들과 함께 미사 집전에 참석하신다. 몬테 도 고조의 바에서 콜라 한잔을 마시고 산티아고로 발걸음을 뗀다. 산티아고 비석과 시내가 바라다보인다. 여기서 빠른 걸음으로 걸으면 40분 후쯤 시내에 도착할 것이다. 시내로 들어서면서 노란 화살표 대신 순례자의 표시인 가리비 조개가 새겨진 보도블록이 보인다. 산티아고 시내로 들어와서 보도블록의 가리비 조개표시를 따라 오르막을 넘어서자 저 멀리 산티아고 대성당 탑이 바라보인다. 갑자기 눈시울이 뜨거워진다. 어제 호석이가 "이모 산티아고 대성당 앞에 서면 펑펑 우실 것 같은데요" 하고 말할 때 마음속으로 '난 대성당 앞에서 울지 않을 거야. 약한 자만이 우는 것이다. 난 충분히 강해졌으니까'라고 생각했던 마음이 온데간데없다. 그냥 눈물이 두 눈 가득 고인다.

하늘을 올려다본다. 눈물 흘리기 싫어서.

시내로 들어와서도 대성당까지 한참을 걸었다. 대성당의 오른쪽 아치문으로 들어서는 순간, 넓은 오브라도이로 광장이 눈에 들어온다. 광장에는 도보 순례자와 자전거 순례자, 일반 관광객 등 많은 사람들로 소란스럽다. 아, 드디어 해냈구나. 안도와 감격이 교차한다.

2016년 5월 13일 10시 35분, 드디어 산티아고 대성당 앞에 서다.

까미노 데 산티아고 775㎞.
온전히 걸어서 마침표를 찍다.

끝은
새로운 시작의 출발점

100km   순례 1일 후   5. 14. 토요일

산티아고 데 콤포스텔라   →   피니스테레와 묵시아
(Santiago de Compostela)   (Finisterre & Muxia)

더 이상 6시 기상, 7시 출발은 없다. 배낭도 꾸릴 필요가 없다. 보스케 민박에서 느긋하게 잠자고 8시에 아침을 먹는다. 한국 김치와 하얀 쌀밥으로 든든한 아침을 먹고 산티아고 대성당으로 나간다. 초은과 호석은 어제 정오 미사에 참석하고 까미노 775㎞ 완주증명서를 받느라 늦어서 결국 산티아고에서 1박을 했다고 한다. 지금쯤 피니스테레를 향해 걸어가고 있을 것이다. 대단들 하다.

재국과 나는 보스케 민박에서 묵시아와 피니스테레 차량 투어를 신청했다. 재국은 일단 숙소에서 쉬겠다고 해서 나 혼자 시내로 나간다. 순례가 끝났으니 등산복 대신 입을 옷을 샀다. 오늘 산티아고에 도착하신 두 분 신부님들이 미사를 집전하는 모습을 사진 찍어 드리려고 한다. 12시 미사에 참석하기 위해 산티아고 대성당으로 향한다.

어제는 순례자 사무실에서 완주증명서를 받으려고 줄 서 있다가 겨우 12시 미사에 참석했는데 오늘은 여유있게 대성당 곳곳을 둘러보고 한국 성지 순례 관광객을 따라 사도 야고보 동상 아래 계단을 내려가 성 야고보 유물함 앞에 선다. 그 앞에서 무사히 까미노 데 산티아고 프랑스길을 걷게 해 주심에 감사기도를 드린다.

두 분 신부님의 미사 집전 사진을 찍어 드린 후 혼자서 여유롭게 산티아고 시내 구경을 한다. 점심은 버거킹에서 햄버거와 콜라로 때우고 2시에 버거킹 앞에서 출발하는 투어차를 타고 묵시아로 향한다. 걷지 않고 차를 타서 도착한 묵시아는 별 감흥이 없다. 작은 어촌의 바닷가 같은 느낌. 역시 걸어서 도착했어야 했다. 안개가 자욱하고 비까지 내리는 묵시아는 그냥 한적하고 쓸쓸한 바닷가다.

다시 차를 타고 얼마간을 달려서 더는 갈 수 없는 땅끝 피니스테레에 도착한다 '0.00㎞' 표지석이 있다. 산티아고 데 콤포스텔라까지 걸어 순례는 끝났지만 왠지 허전해서 더 걷고 싶은 순례자들은 성 야고보의 시신을 실은 배가 도착한 이곳 피니스테레까지 걷기도 한다. 3~4일 전에 걷기 시작했을 도보 순례자들이 도착하는 모습이 보인다. 차를 타면 1~2시간이면 도착할 거리를 초은, 호석은 걸어서 3일 뒤 도착하게 될 것이다.

나도 언젠가 다시 이곳에 올 때는 걸어서 오리라 다짐해본다. 피니스테레 성당은 문이 잠겨 있어 창문으로만 안을 볼 수 있다. 성당 안에는 작은 모형 배 장식들이 있다. 야고보 성인의 시신이 이곳으로 배에 실려 왔다는 걸 상징하기 위해 모형 배를 장식해 두었다고 한다.

성당 옆 땅끝 피니스테레 바위에 앉아 바다를 마주 본다. 그리고 기도한다.

'하느님, 제가 인생의 캄캄한 밤이 되어 길을 잃고 방황할 때 제 인생 앞에 노란 화살표를 보여 주세요. 잠시 길을 벗어나도 바로 알아차려 다시 돌아올 수 있게 해 주세요. 제가 걸은 775㎞의

신부님 두 분의 미사 참석

안개비가 내리는 묵시아

순례자의 상징인 등산화 조형물

순례길에서 일상의 걱정 없이도 먹고 마시고 잠잘 것이 다 준비되어 있었듯이 제 인생 앞에 준비된 노란 화살표를 보여 주세요. 제 인생이 절망의 바다와 마주할 때 주저앉지 않고 계속 전진한다면 그래서 그것이 절망의 끝이 아닌 희망의 새로운 시작점이 될 수 있게 해주세요. 제가 저 자신을 포기하지 않는 한 또 다른 희망의 세상이 펼쳐질 수 있게 저에게 힘과 용기를 주세요.'

육지의 끝은 바다의 시작이다!

피니스테레 육지의 끝에서

피니스테레 0.00K 표지석

부록

까미노 데 산티아고(Camino de Santiago) 순례길은
어떤 곳인가

까미노 순례길은 기독교의 성지 순례길이다. 까미노(Camino)는 스페인어로 길이라는 뜻이고, 산티아고(Santiago)는 성스러운 사람(Saint)과 야고보(Diego)의 합성어이므로 성 야고보의 길(Camino de Santiago)이라는 뜻이다. 까미노 데 산티아고를 줄여서 까미노라고 부른다.

야고보는 예수의 열두 제자 중 한 명으로 스페인에 와서 복음을 전하다가 예루살렘으로 돌아갔으나 헤로데 아그리파에 의해 참수를 당해 순교한다.

야고보의 제자들은 선교 활동을 해왔던 곳에 묻어 달라는 그의 유언에 따라 야고보의 유해를 몰래 빼돌려 배에 태워 보냈는데, 그 배는 스페인의 갈리시아(Galicia) 지방의 땅끝 피니스테레(Finisterre)에 도착했고 야고보를 알아본 원주민들이 유해를 안치했다고 전해진다.

그로부터 700년이 지나 서기 813년경 테오도미로 주교에 의해 그의 유해와 유물들이 발굴되었으며 야고보의 무덤이 있던 곳에 교회가 지어졌다.

야고보의 유골함은 지금의 산티아고 콤포스텔라(Santiago Compostela)의 대성당에 안치되어 있다.

1179년 교황 알렉산드로 3세가 산티아고 성당에 부여한 교서에는 사도 야고보 축일이 있는 성년에 산티아고 성당을 방문한 순례자는 그동안 지은 죄에 대해 완전하게 죄 사함을 받게 될 것이며, 다른 해에 방문한 순례자는 지은 죄의 절반을 죄 사함을 받을 수 있다고 했다.

이 소문을 접한 유럽의 기독교인들은 유럽 각지에서 산티아고로 찾아오게 되었다.

그러나 15세기경 흑사병이 유럽을 강타한 이후 순례자들이 점점 줄어들어 이 순례길은 잊히고 있었다. 그런데 1982년 교황 요한 바오로 2세가 산티아고를 방문한 것을 계기로 다시 순례자들이 해마다 늘어나 2016년 현재 한해 17만 명이 넘는 순례자들이 순례 완주증명서인 콤포스텔라를 받고 있다.

까미노 순례길은 1993년 유네스코 세계 문화유산으로 지정되었다. 순례자의 상징인 표주박 지팡이는 야고보 성인이 전도하러 다닐 때 사용하던 것이고, 조가비는 야고보 성인의 배에 조개가 붙어있던 것을 상징하는 것으로 현재 순례자들은 배낭에 조개를 매달고 다닌다.

까미노길의 최종 목적지는 스페인 갈리시아 지방의 수도 산티아고 콤포스텔라에 있는 산티아고 대성당이며 출발지는 여러 곳이 있다. 대표적인 길은 다음과 같다.

1. 프랑스길
프랑스 국경 마을 생 장 피에 드 포르에서 출발, 스페인 북부지역의 동쪽에서 서쪽을 향해 775㎞를 걷는 길로 숙소인 알베르게와 편의시설이 잘되어 있어 지금 현재 가장 많은 순례자들이 찾는 길이며 까미노의 고속도로라고 말하기도 한다.

2. 북쪽길
스페인 북부 해안선을 따라 아름다운 바다를 보면 걷는 길로 스페인의 이룬(Irun)에서 출발, 850㎞를 걷는 길로 프랑스 길보다 험난하고 숙소나 편의 시설이 부족하다.

3. 은의 길
스페인 세비야(Sevilla)에서 출발하는 길로 1,000㎞가 넘으며 스페인의 남쪽에서 북쪽으로 올라가는 종단의 길이다.

4. 마드리드길
스페인 마드리드(Madrid)에서 출발해서 사아군에서 프랑스길과 만나며 조용하고 한적하게 걸을 수 있으며 약 675㎞를 걷는 길이다.

5. 포르투갈길
포르투갈(Portugal)의 리스본(Lisbon)에서 시작하는 길로 약 614㎞

정도이며 일정이 짧을 경우 포르토(Porto)에서 약 230㎞로 짧게 걷기 좋다.

이외에도 여러 길이 있으며 유럽 사람들은 자신의 집에서부터 걷기 시작해서 몇 달에 걸쳐 수천 킬로미터를 걸어서 산티아고 콤포스텔라에 도착하기도 하며 일정이 부족하거나 건강상 장시간 걸을 수 없는 사람들은 산티아고 콤포스텔라로부터 100㎞ 전에 있는 사리아에서부터 걷기 시작해도 완주증명서 콤포스텔라를 받을 수 있다.

단, 출발에서부터 100㎞를 걷는다고 해서 완주증명서를 주는 것이 아니라 최종 목적지인 산티아고 콤포스텔라로부터 100㎞ 전에 있는 지역에서부터 오로지 걷기만으로 도착해야 순례증명서인 콤포스텔라(La Compostela)를 받을 수 있다.

2016년 현재, 해마다 순례길을 걷는 사람들이 늘어나고 있으며 이 길을 걷는 사람들은 세계 각국에서 온 사람들이다. 이들은 종교가 있는 사람은 종교적인 의미에서, 종교가 없는 사람은 자신의 삶을 되돌아보기 위해, 다이어트 목적으로, 걷기의 즐거움을 위해서 등 다양한 의미를 두고 걷고 있다.

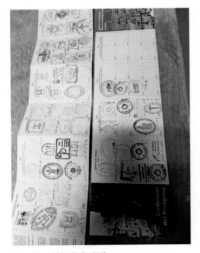

크레덴시알(순례자 여권)

순례 완주 증명서(콤포스텔라)

거리 완주 증명서

배낭 무게

분류	세부항목	개수	무게
옷 (상의)	긴 팔	2	220g
	경량 패딩(오리털)	1	180g
	경량 패딩 조끼(오리털)	1	100g
	고어텍스 재킷	1	340g
	총계		840g
옷 (하의)	등산복 바지	1	260g
	등산복 바지	1	190g
	냉장고 바지(잠옷겸용)	1	195g
	총계		645g
속옷	러닝셔츠	2	105g
	속옷	6	195g
	양말	3	200g
	총계		500g
신발	등산화	1	890g
	슬리퍼	1	210g
	총계		1,100g
배낭	보조배낭	1	250g
	배낭(36L)	1	1,260g
	총계		1,510g
트레킹 장비	판초 우의	1	340g
	침낭	1	770g
	등산용 지팡이	2	410g
	총계		1,520g
약	비타민과 상비약		195g
	소독약, 바셀린		260g
	스포츠 테이프		75g
	총계		530g
화장품	선크림, 보디샴푸		300g
	치약, 칫솔		160g
	영양 크림, 오일		300g
	총계		760g
기타	스포츠 타올	1	85g
	두건	1	60g
	독서등	1	40g
	장갑	1	30g
	라면 수프		95g
	비닐 봉투		60g
	카메라	1	120g
	카메라 충전기	1	100g
	휴대폰	1	150g
	휴대폰 충전기	1	170g
	일기장	1	120g
	선글라스	1	100g
	안경	2	40g
	볼펜	1	20g
	총계		1,190g
총계			8,595g

몸에 걸칠 옷과 신발, 등산 스틱을 뺀 배낭의 무게는 6kg이 조금 넘는다.

에필로그

　힘든 현실에서 잠시 벗어나 내 인생을 되돌아보고 새로운 삶을 계획하기 위해 47일간 까미노 순례길 배낭여행을 떠났다. 한국에서 예상했을 때는 3일은 이동하는 데, 36일은 까미노에서, 그리고 나머지 8일은 바르셀로나에서 휴식 시간으로 쓸 생각이었다. 그런데 막상 까미노에서 젊은이들을 따라 걷다 보니 예상했던 것보다 일정이 훨씬 앞당겨졌다. 29일 만에 산티아고 콤포스텔라에 도착했고 7일이라는 시간이 덤으로 주어졌다. 아이들의 추천에 따라 포르투갈의 포루토 2박, 파티마 1박, 리스본 2박, 스페인의 세비야 3박으로 그 시간을 채웠다.

　2007년에 터키 여행을 할 때는 시간이 있었음에도 시리아 여행을 포기했었다. 그게 지금도 아쉬움으로 남아 있다. 지금의 시리아는 내전 중이어서 갈 수 없는 나라가 되었으니 말이다. 이번에는 포르투갈 여행의 기회가 주어졌을 때 머뭇거리지 말고 도전하기로 마음먹었다. 무엇이든 어떠한 것이든 실행하고 부딪쳐 봐야 한다. 그러면 잘되든 못되든 또 다른 길이 보일 것이다. 생을 리셋하기로 마음먹었더라도 주어진 기회를 활용하지 않으면 더 이상의 발전은 없다. 그러니 기회가 주어질 때는 해야 한다.

그렇게 마음먹고 산티아고에서 버스로 3시간을 달려 포루토에 도착했다. 그곳에서 아름다운 타일 벽화로 유명한 상벤투 기차역에도 가보고, 세계에서 제일 아름답다는 맥도날드에서 햄버거도 먹었다. 성모 발현지인 파티마에서 밤늦게까지 열심히 기도도 했고 리스본에서 신트라의 페나성과 유럽의 서쪽 끝, 호카곶도 여행했다.

물론 호카곶에서 버스를 잘못 타서 "헬프 미"를 외치며 버스, 기차, 지하철을 갈아타고 리스본 숙소로 돌아온 일, 세비야의 투우장에서 소를 죽이는 장면이 너무 잔인해서 중간에 나왔던 일, 바르셀로나 몬주익에서 카탈루냐 광장까지 걸어가다가 현지인들도 가길 꺼린다는 마약상들이 거주한다는 뒷골목에 혼자 갔던 일(다음 날 호스텔 주인이 바르셀로나 지도에 이곳은 가면 안 된다고 표시해 주었음) 등은 그 순간에는 버겁게 느껴지기도 했었다. 그렇게 몰라서 용감했던 혼자만의 좌충우돌 여행을 마쳤다.

철저하게 준비했던 순례길도 계획은 계속 바뀌었고 힘들기도 했었다. 정보 없이 떠난 여행은 의외로 두려움에 떨지 않고 잘 헤쳐 나왔다.

지금 나는 까미노 순례길과 여행에서 얻은 에너지로 제2의 인생을 설계 중이다. 코치 합창단의 단원으로 열심히 노래하고 있고 출발하기 전 취득한 코치 자격증으로 새로운 직업을 가질 계획이다.

갈등 관리 전문가 교육과정을 이수했고, 에니어그램, NLP 힐링지도자 과정을 이수하고 있다. 이 외에도 철학, 인문학 강좌를 인터넷을 통해 들으며 다양한 공부를 계속하고 있다. 또한 건강을 위해 헬스장에서 근육도 단련하는 중이다. 심리 감성 코치에 걸맞는 코치가 되기 위해 지금 나는 내 인생을 리셋 중이다. 60대에는 나 자신과 다른 사람들에게 도움을 줄 수 있는 심리 감성 코치가 되어 있을 나의 멋진 모습을 만들어 가는 중이다.

감사하다.